Torták Varázsa

Ízletes Receptek és Sütőművészet

Zsófia Mészáros

Tartalomjegyzék

Glacé Icing

Elég egy 20 cm-es torta befedésére

100 g/4 oz/2/3 csésze (cukrász) porcukor, átszitálva

25-30 ml/1½-2 evőkanál víz

Néhány csepp ételfesték (elhagyható)

Tegyük a cukrot egy tálba, és apránként keverjük hozzá a vizet, amíg a fagy sima nem lesz. Ízlés szerint néhány csepp ételfestékkel színezzük. A cukormáz átlátszatlan lesz, ha hideg süteményekre kenjük, vagy átlátszóvá válik, ha meleg süteményekre kenjük.

Coffee Glacé Icing

Elég egy 20 cm-es torta befedésére

100 g/4 oz/2/3 csésze (cukrász) porcukor, átszitálva

25–30 ml/1½–2 evőkanál nagyon erős feketekávé

Tegyük egy tálba a cukrot, és apránként keverjük hozzá a kávét, amíg a cukormáz sima nem lesz.

Lemon Glacé Icing

Elég egy 20 cm-es torta befedésére

100 g/4 oz/2/3 csésze (cukrász) porcukor, átszitálva

25-30 ml/1½-2 evőkanál citromlé

1 citrom finomra reszelt héja

A cukrot egy tálba tesszük, és apránként hozzákeverjük a citrom levét és héját, amíg a fagy sima nem lesz.

Orange Glacé Icing

Elég egy 20 cm-es torta befedésére

100 g/4 oz/2/3 csésze (cukrász) porcukor, átszitálva

25-30 ml/1½-2 evőkanál narancslé

1 narancs finomra reszelt héja

A cukrot egy tálba tesszük, és apránként hozzákeverjük a narancslevet és a héjat, amíg a fagy sima nem lesz.

Rum Glacé Icing

Elég egy 20 cm-es torta befedésére

100 g/4 oz/2/3 csésze (cukrász) porcukor, átszitálva

25-30 ml/1½-2 evőkanál rum

Tegyük egy tálba a cukrot, és apránként keverjük hozzá a rumot, amíg a fagy sima nem lesz.

Vanilla Glacé jegesedés

Elég egy 20 cm-es torta befedésére

100 g/4 oz/2/3 csésze (cukrász) porcukor, átszitálva

25 ml/1½ evőkanál víz

Néhány csepp vanília esszencia (kivonat)

Tegyük a cukrot egy tálba, és apránként keverjük hozzá a vizet és a vaníliakivonatot, amíg a fagy sima nem lesz.

Főtt csokoládé cukormáz

Elég egy 23 cm-es torta befedésére

275 g/10 uncia/1¼ csésze kristálycukor

100 g/4 oz/1 csésze sima (félédes) csokoládé

50 g/2 oz/¼ csésze kakaópor (cukrozatlan csokoládé).

120 ml/4 fl uncia/½ csésze víz

Az összes hozzávalót felforraljuk, addig keverjük, amíg jól össze nem áll. Közepes lángon 108°C-on főzzük, vagy amikor két teáskanál között hosszú szál képződik. Öntsük egy széles tálba, és verjük sűrűre és fényesre.

Csokoládé kókusz bevonat

Elég egy 23 cm-es torta befedésére

175 g/6 uncia/1½ csésze sima (félédes) csokoládé

90 ml/6 evőkanál forrásban lévő víz

225 g / 8 uncia / 2 csésze szárított (aprított) kókuszdió

A csokoládét és a vizet turmixgépben vagy robotgépben pürésítjük, majd hozzáadjuk a kókuszt, és simára turmixoljuk. Még melegen a sima süteményekre szórjuk.

Fudge Topping

Elég egy 23 cm-es torta befedésére

50 g/2 uncia/¼ csésze vaj vagy margarin

45 ml/3 evőkanál kakaópor (cukrozatlan csokoládé).

60 ml/4 evőkanál tej

425 g (15 uncia) 2½ csésze (cukrászipari) porcukor, átszitálva

5 ml/1 teáskanál vanília esszencia (kivonat)

A vajat vagy a margarint egy kis serpenyőben felolvasztjuk és belekeverjük a kakaót és a tejet. Folyamatos kevergetés mellett felforraljuk, majd levesszük a tűzről. Fokozatosan keverjük hozzá a cukrot és a vaníliás cukrot, és keverjük simára.

Édes krémsajtos töltelék

Elég egy 30 cm-es torta befedésére

100 g/4 uncia/½ csésze krémsajt

25 g/1 uncia/2 evőkanál vaj vagy margarin, lágyítva

350 g (12 uncia) porcukor (cukrászsütemények), átszitálva

5 ml/1 teáskanál vanília esszencia (kivonat)

30 ml/2 evőkanál tiszta méz (opcionális)

A krémsajtot és a vajat vagy margarint enyhén habosra keverjük. Fokozatosan keverjük simára a cukrot és a vaníliát. Ízlés szerint egy kis mézzel édesítjük.

Amerikai Velvet Frosting

Két 23 cm/9-es torta befedésére elegendő

175 g/6 uncia/1½ csésze sima (félédes) csokoládé

120 ml/4 fl oz/½ csésze tejföl

5 ml/1 teáskanál vanília esszencia (kivonat)

Egy csipet só

400 g/14 uncia/21/3 csésze (cukrászok) porcukor, átszitálva

Olvasszuk fel a csokoládét egy hőálló edényben, enyhén forrásban lévő víz felett. Levesszük a tűzről, és belekeverjük a tejszínt, a vanília esszenciát és a sót. A cukrot fokozatosan simára keverjük.

Vajkrémes cukormáz

Elég egy 23 cm-es torta befedésére

50 g/2 oz/¼ csésze vaj vagy margarin, lágyítva

250 g/9 uncia/1½ csésze porcukor (cukrász) szitált

5 ml/1 teáskanál vanília esszencia (kivonat)

30 ml/2 evőkanál tejszín (könnyű).

A vajat vagy a margarint puhára verjük, majd fokozatosan keverjük simára és krémesre a cukrot, a vaníliaesszenciát és a tejszínt.

Karamell cukormáz

Elegendő egy 23 cm/9-es torta kitöltéséhez és befedéséhez

100g/4oz/½ csésze vaj vagy margarin

225 g/8 uncia/1 csésze puha barna cukor

60 ml/4 evőkanál tej

350 g (12 uncia) porcukor (cukrászsütemények), átszitálva

A vajat vagy a margarint és a cukrot lassú tűzön, folyamatos keverés mellett olvasszuk fel, amíg a keverék össze nem áll. Hozzákeverjük a tejet és forrásig melegítjük. Levesszük a tűzről és hagyjuk kihűlni. Addig kavarjuk a porcukrot, amíg kenhető állagot nem kapunk.

Citromos máz

Elég egy 23 cm-es torta befedésére

25g/1oz/2 evőkanál vaj vagy margarin

5 ml/1 teáskanál reszelt citromhéj

30 ml/2 evőkanál citromlé

250 g/9 uncia/1½ csésze porcukor (cukrász) szitált

A vajat vagy a margarint és a citrom héját habosra verjük. A citromlevet és a cukrot fokozatosan habosra keverjük.

Kávé vajkrém fagyos

Elegendő egy 23 cm/9-es torta kitöltéséhez és befedéséhez

1 tojás fehérje

75 g/3 uncia/1/3 csésze vaj vagy margarin, lágyítva

30 ml/2 evőkanál forró tej

5 ml/1 teáskanál vanília esszencia (kivonat)

15 ml/1 evőkanál instant kávé granulátum

Egy csipet só

350 g (12 oz/2 csésze) porcukor, átszitálva

Keverjük össze a tojásfehérjét, a vajat vagy a margarint, a forró tejet, a vanília esszenciát, a kávét és a sót. A porcukrot fokozatosan simára keverjük.

Lady Baltimore Frosting

Elegendő egy 23 cm/9-es torta kitöltéséhez és befedéséhez

50 g/2 uncia/1/3 csésze mazsola apróra vágva

50 g/2 oz/¼ csésze mázas (kandírozott) cseresznye, apróra vágva

50 g/2 uncia/½ csésze pekándió, apróra vágva

25 g/1 uncia/3 evőkanál szárított füge, apróra vágva

2 tojásfehérje

350 g/12 uncia/1½ csésze kristálycukor

Egy csipet fogkő

75 ml/5 evőkanál hideg víz

Egy csipet só

5 ml/1 teáskanál vanília esszencia (kivonat)

Keverjük össze a mazsolát, a cseresznyét, a diót és a fügét. A tojásfehérjét, a cukrot, a tartárkrémet, a vizet és a sót egy hőálló edényben, enyhén forrásban lévő víz fölé állított habbá verjük körülbelül 5 percig, amíg kemény csúcsok nem lesznek. Levesszük a tűzről, és beleforgatjuk a vanília aromát. A cukormáz harmadába keverjük a gyümölcsöt, és töltsük meg a tortával. Ezután a maradékot a torta tetejére és a szélére kenjük.

Fehér cukormáz

Elég egy 23 cm-es torta befedésére

225 g/8 oz/1 csésze kristálycukor

1 tojás fehérje

30 ml/2 evőkanál víz

15 ml/1 evőkanál aranyszínű (világos kukorica) szirup

A cukrot, a tojásfehérjét és a vizet egy forró víz fölé állított tálban habosra keverjük. Folytassa a verést legfeljebb 10 percig, amíg a keverék besűrűsödik és merev csúcsokat nem képez. Levesszük a tűzről, és hozzáadjuk a szirupot. Folytassa a verést, amíg a keverék el nem terjed.

Krémes fehér cukormáz

Elegendő egy 23 cm/9-es torta kitöltéséhez és befedéséhez

75 ml/5 evőkanál tejszín (könnyű).

5 ml/1 teáskanál vanília esszencia (kivonat)

75 g/3 uncia/1/3 csésze krémsajt

10 ml/2 teáskanál vaj vagy margarin, lágyítva

Egy csipet só

350 g (12 uncia) porcukor (cukrászsütemények), átszitálva

A tejszínt, a pudingot, a krémsajtot, a vajat vagy a margarint és a sót simára keverjük. A porcukrot fokozatosan simára keverjük.

Bolyhos fehér cukormáz

Elegendő egy 23 cm/9-es torta kitöltéséhez és befedéséhez

2 tojásfehérje

350 g/12 uncia/1½ csésze kristálycukor

Egy csipet fogkő

75 ml/5 evőkanál hideg víz

Egy csipet só

5 ml/1 teáskanál vanília esszencia (kivonat)

A tojásfehérjét, a cukrot, a tartárkrémet, a vizet és a sót egy forró víz fölé állított tálban verjük fel körülbelül 5 percig, amíg kemény habok nem lesznek. Levesszük a tűzről, és beleforgatjuk a vanília aromát. Használd a torta megkenésére, a többit pedig a tetejére és a szélére kend.

Barna cukormáz

Elég egy 23 cm-es torta befedésére

225 g/8 uncia/1 csésze puha barna cukor

1 tojás fehérje

30 ml/2 evőkanál víz

5 ml/1 teáskanál vanília esszencia (kivonat)

A cukrot, a tojásfehérjét és a vizet egy forró víz fölé állított tálban habosra keverjük. Folytassa a verést legfeljebb 10 percig, amíg a keverék besűrűsödik és merev csúcsokat nem képez. Levesszük a tűzről, és hozzáadjuk a vanília aromát. Folytassa a verést, amíg a keverék el nem terjed.

Vaníliás vajkrémes cukormáz

Elegendő egy 23 cm/9-es torta kitöltéséhez és befedéséhez

1 tojás fehérje

75 g/3 uncia/1/3 csésze vaj vagy margarin, lágyítva

30 ml/2 evőkanál forró tej

5 ml/1 teáskanál vanília esszencia (kivonat)

Egy csipet só

350 g (12 oz/2 csésze) porcukor, átszitálva

Keverjük össze a tojásfehérjét, a vajat vagy a margarint, a forró tejet, a vanília esszenciát és a sót. A porcukrot fokozatosan simára keverjük.

Tejsodó

600 ml/1 pt/2½ csésze

100 g/4 oz/½ csésze kristálycukor

50 g/2 uncia/¼ csésze kukoricakeményítő

4 tojássárgája

600 ml/1 pt/2½ csésze tej

1 vaníliarúd (bab)

Porcukor (cukrászok), szitálva, szóráshoz

A cukor felét a kukoricadarával és a tojássárgájával jó habbá verjük. A maradék cukrot és a tejet a vaníliarúddal felforraljuk. A cukros keveréket a forró tejhez keverjük, majd állandó kevergetés mellett felforraljuk, és 3 percig főzzük, amíg besűrűsödik. Tálba öntjük, porcukorral megszórjuk, hogy ne képződjön bőrösödés, és hagyjuk kihűlni. Használat előtt újra felverjük.

Pudingos töltelék

Elegendő egy 23 cm-es torta kitöltéséhez

325 ml/11 fl uncia/11/3 csésze tej

45 ml/3 evőkanál kukoricaliszt (kukoricakeményítő)

60 g/2½ uncia/1/3 csésze kristálycukor

1 tojás

15 ml/1 evőkanál vaj vagy margarin

5 ml/1 teáskanál vanília esszencia (kivonat)

Keverjünk össze 30 ml/2 evőkanál tejet kukoricadarával, cukorral és tojással. A maradék tejet egy kis serpenyőben forráspont alá melegítjük. Fokozatosan keverje hozzá a forró tejet a tojásos keverékhez. Öblítse ki a serpenyőt, öntse vissza a keveréket a serpenyőbe, és lassú tűzön keverje addig, amíg besűrűsödik. Keverjük hozzá a vajat vagy a margarint és a vanília esszenciát. Fedjük le zsíros (viaszos) papírral és hagyjuk kihűlni.

Dán pudingos töltelék

750 ml / 1¼ pont / 3 csésze

2 tojás

50 g/2 uncia/¼ csésze kristálycukor

50 g/2 uncia/½ csésze sima (univerzális) liszt

600 ml/1 pt/2½ csésze tej

¼ vaníliarúd (bab)

A tojást és a cukrot kemény habbá verjük. Fokozatosan adjuk hozzá a lisztet. A tejet és a vaníliarudat forrásig melegítjük. A vaníliarudat kivesszük, és a tejet a tojásos keverékhez keverjük. Tegyük vissza a serpenyőbe, és állandó kevergetés mellett, lassan főzzük 2-3 percig. Használat előtt hagyja kihűlni.

Gazdag dán pudingos töltelék

750 ml / 1¼ pont / 3 csésze

4 tojássárgája

30 ml/2 evőkanál kristálycukor

25 ml/1½ evőkanál sima (univerzális) liszt

10 ml/2 tk burgonyaliszt

450 ml/¾ pt/2 csésze tejszín (könnyű).

Néhány csepp vanília esszencia (kivonat)

150 ml/¼ pt/2/3 csésze dupla tejszín (nehéz), felvert

A tojássárgáját, a cukrot, a lisztet és a tejszínt összekeverjük egy lábasban. Közepes lángon addig keverjük, amíg a keverék sűrűsödni kezd. Adjuk hozzá a vanília esszenciát és hagyjuk kihűlni. Belekeverjük a tejszínhabot.

Creme Patissière

300 ml/½ pt/1¼ csésze

2 tojás, szétválasztva

45 ml/3 evőkanál kukoricaliszt (kukoricakeményítő)

300 ml/½ pt/1¼ csésze tej

Néhány csepp vanília esszencia (kivonat)

50 g/2 uncia/¼ csésze kristálycukor

A tojássárgáját, a kukoricalisztet és a tejet egy kis serpenyőben jól összekeverjük. Közepes lángon felforraljuk, majd állandó keverés mellett 2 percig főzzük. Keverjük hozzá a vanília esszenciát és hagyjuk kihűlni.

A tojásfehérjét kemény habbá verjük, majd hozzáadjuk a cukor felét, és újra kemény habbá verjük. Keverjük hozzá a maradék cukrot. Keverjük hozzá a krémes keverékhez, és tegyük hűtőszekrénybe felhasználásig.

Gyömbéres krémes töltelék

Elegendő egy 23 cm-es torta kitöltéséhez

100g/4oz/½ csésze vaj vagy margarin, lágyítva

450 g/1 font/22/3 csésze (cukrász) porcukor, átszitált

5 ml/1 teáskanál őrölt gyömbér

30 ml/2 evőkanál tej

75 g/3 uncia/¼ csésze fekete szirup (melasz)

A vajat vagy a margarint a cukorral és a gyömbérrel habosra és krémesre verjük. Fokozatosan keverjük hozzá a tejet és a szirupot, amíg sima és kenhető. Ha túl híg a töltelék, keverjünk bele egy kevés cukrot.

Citromos töltelék

250 ml / 8 fl uncia / 1 csésze

100 g/4 oz/½ csésze kristálycukor

30 ml/2 evőkanál kukoricaliszt (kukoricakeményítő)

60 ml/4 evőkanál citromlé

15 ml/1 evőkanál reszelt citromhéj

120 ml/4 fl uncia/½ csésze víz

Egy csipet só

15 ml/1 evőkanál vaj vagy margarin

A vaj vagy a margarin kivételével az összes hozzávalót egy kis serpenyőben, lassú tűzön keverje össze, óvatosan keverje, amíg a keverék jól össze nem áll. Forraljuk fel és főzzük 1 percig. Keverjük hozzá a vajat vagy a margarint, és hagyjuk kihűlni. Használat előtt hűtsük le.

Csokoládé cukormáz

Elég egy 25 cm/10-es torta mázasra

50 g/2 uncia/½ csésze sima (félédes) csokoládé, apróra vágva

50 g/2 uncia/¼ csésze vaj vagy margarin

2,5 ml/½ teáskanál vanília esszencia (kivonat)

75 ml/5 evőkanál forrásban lévő víz

350 g (12 uncia) porcukor (cukrászsütemények), átszitálva

Az összes hozzávalót turmixgépben vagy robotgépben simára keverjük, és szükség szerint nyomkodjuk le az összetevőket. Használja egyszerre.

Gyümölcstorta máz

Elég egy 25 cm/10-es torta mázasra

75 ml/5 evőkanál aranyszínű (világos kukorica) szirup

60 ml/4 evőkanál ananász vagy narancslé

Egy kis serpenyőben összekeverjük a szirupot és a gyümölcslevet, és felforraljuk. Levesszük a tűzről, és a masszával a kihűlt sütemény felületére és szélére kenjük. Hagyd leülepedni. A mázat ismét forrásig melegítjük, és még egy réteget kenünk a torta tetejére.

Narancssárga gyümölcstorta máz

Elég egy 25 cm/10-es torta mázasra

50 g/2 uncia/¼ csésze kristálycukor

30 ml/2 evőkanál narancslé

10 ml/2 tk reszelt narancshéj

A hozzávalókat egy kis serpenyőben összekeverjük, és állandó keverés mellett felforraljuk. Levesszük a tűzről, és a masszával a kihűlt sütemény felületére és szélére kenjük. Hagyd leülepedni. A mázat ismét forrásig melegítjük, és még egy réteget kenünk a torta tetejére.

Mandulás habcsók négyzetek

12-t tesz ki

225 g omlós tészta

60 ml/4 evőkanál málnalekvár (tartósítás)

2 tojásfehérje

50 g/2 uncia/½ csésze őrölt mandula

100 g/4 oz/½ csésze kristálycukor

Néhány csepp mandula esszencia (kivonat)

25 g/1 uncia/¼ csésze pelyhes (aprított) mandula

Nyújtsuk ki a tésztát (pasztát), és béleljünk ki egy kivajazott 30 x 20 cm/12 x 8 svájci tekercsformát (zselés tekercssütő). Lekvárral megkenjük. A tojásfehérjéket kemény habbá verjük, majd óvatosan beleforgatjuk a darált mandulát, a cukrot és a mandulaesszenciát. A tetejét megkenjük a lekvárral, és megszórjuk mandulareszelékkel. 180°C-ra előmelegített sütőben 45 perc alatt aranybarnára és ropogósra sütjük. Hagyjuk kihűlni, majd négyzetekre vágjuk.

Angyal cseppek

24-es lesz

50 g/2 oz/¼ csésze vaj vagy margarin, lágyítva

50 g/2 uncia/¼ csésze disznózsír (rövidített)

100 g/4 oz/½ csésze kristálycukor

1 kis tojás, felverve

Néhány csepp vanília esszencia (kivonat)

175 g/6 oz/1½ csésze magától kelő (magától kelő) liszt

45 ml/3 evőkanál zab

50 g/2 oz/¼ csésze mázas (kandírozott) cseresznye, félbevágva

A vajat vagy a margarint, a zsírt és a cukrot habosra verjük. Belekeverjük a tojást és a vanília esszenciát, belekeverjük a lisztet és kemény tésztává keverjük. Vágjuk kis golyókra, és forgassuk meg a zabban. Kivajazott tepsire helyezzük egymástól jól egymástól, és mindegyik tetejére szórunk egy cseresznyét. 180°C-ra előmelegített sütőben 20 percig sütjük, amíg meg nem puhul. A tálcán hagyjuk kihűlni.

Mandula szelet

12-t tesz ki

100g/4oz/½ csésze vaj vagy margarin

225 g/8 uncia/2 csésze sima (univerzális) liszt

5 ml/1 teáskanál sütőpor

50 g/2 uncia/¼ csésze kristálycukor

1 tojás, szétválasztva

75 ml/5 evőkanál málnalekvár (tartósított)

100 g/4 oz/2/3 csésze (cukrász) porcukor, átszitálva

100 g / 4 uncia / 1 csésze pelyhes (szeletelt) mandula

Dörzsölje el a vajat vagy a margarint a liszttel és a sütőporral, amíg a keverék zsemlemorzsára nem hasonlít. Keverjük hozzá a cukrot, majd keverjük hozzá a tojássárgáját, és gyúrjuk kemény tésztává. Enyhén lisztezett alapon kinyújtjuk, hogy beleférjen egy kivajazott, 30 x 20 cm-es/12 x 8-as svájci tepsibe. Óvatosan nyomkodjuk a tepsibe, és kissé emeljük meg a tészta széleit, hogy egy ajak formáljon. Lekvárral megkenjük. A tojásfehérjét kemény habbá verjük, majd fokozatosan a porcukrot is beleforgatjuk. A tetejét megkenjük a lekvárral, és megszórjuk mandulával. 160°C-ra előmelegített sütőben 1 órán át aranybarnára sütjük, majd éppen megdermed. 5 percig hagyjuk hűlni a serpenyőben, majd ujjainkkal vágjuk fel, és borítsuk rácsra, hogy teljesen kihűljön.

Bakewell Tartlets

24-es lesz

A péksüteményhez:

25 g/1 uncia/2 evőkanál szilava (rövidített)

25g/1oz/2 evőkanál vaj vagy margarin

100 g/4 uncia/1 csésze sima (univerzális) liszt

Egy csipet só

30 ml/2 evőkanál víz

45 ml/3 evőkanál málnalekvár (tartósított)

Töltelékhez:

50 g/2 oz/¼ csésze vaj vagy margarin, lágyítva

50 g/2 uncia/¼ csésze kristálycukor

1 tojás, enyhén felverve

25 g/1 oz/¼ csésze magától kelő (magától kelő) liszt

25 g/1 uncia/¼ csésze őrölt mandula

Néhány csepp mandula esszencia (kivonat)

A tésztához (tésztához) dörzsölje bele a disznózsírt és a vajat vagy a margarint a lisztbe és a sóba, amíg a keverék zsemlemorzsára nem hasonlít. Keverjük fel annyi vízzel, hogy lágy tésztát kapjunk. Lisztezett felületen vékonyra kinyújtjuk, 7,5 cm-es körökre vágjuk, és két kivajazott zsemletepsi (steak tepsi) oldalát kibéleljük. Megtöltjük lekvárral.

A töltelékhez keverjük össze a vajat vagy a margarint és a cukrot, majd fokozatosan keverjük hozzá a tojást. Hozzákeverjük a lisztet, az őrölt mandulát és a mandula eszenciát. A masszát kanalazzuk a tortákba, és a széleket rögzítsük a tésztához úgy, hogy a lekvár teljesen ellepje. 180°C-ra előmelegített sütőben 20 perc alatt aranybarnára sütjük.

Csokoládé pillangós sütemények

Körülbelül 12 sütemény készül

A süteményekhez:

100g/4oz/½ csésze vaj vagy margarin, lágyítva

100 g/4 oz/½ csésze kristálycukor

2 tojás, enyhén felverve

100 g/4 oz/1 csésze magától kelő (magán kelő) liszt

30 ml/2 evőkanál kakaópor (cukrozatlan csokoládé).

Egy csipet só

30 ml/2 evőkanál hideg tej

Fagyasztáshoz (jegesedés):

50 g/2 oz/¼ csésze vaj vagy margarin, lágyítva

100 g/4 oz/2/3 csésze (cukrász) porcukor, átszitálva

10 ml/2 teáskanál forró tej

A sütemények elkészítéséhez vajjal vagy margarinnal és cukorral világos és bolyhos nem lesz. Fokozatosan hozzákeverjük a tojásokat, felváltva a liszttel, a kakaóval és a sóval, majd hozzáadjuk a tejet, hogy sima masszát kapjunk. Papír tortaformákba (cupcake papírok) vagy kivajazott zsemleformákba (steak formák) kanalazzuk, és előmelegített sütőben 190°/375°F/gáz 5-ös fokozaton 15-20 percig sütjük, amíg jól megkel és rugalmas lesz. Hagyd hülni. A sütemények tetejét vízszintesen levágjuk, majd függőlegesen kettévágjuk, hogy a pillangók "szárnyasak" legyenek.

A vajat vagy a margarint puhára habosítjuk a cukormáz elkészítéséhez, majd a porcukor felét habosítjuk bele. Hozzákeverjük a tejet, majd a maradék cukrot. Osszuk el a cukormázas keveréket a sütemények között, majd nyomkodjuk átlósan a "szárnyakat" a sütemények tetejére.

Kókuszos sütemények

12-t tesz ki

100 g omlós tészta

50 g/2 oz/¼ csésze vaj vagy margarin, lágyítva

50 g/2 uncia/¼ csésze kristálycukor

1 tojás, felvert

25 g/1 uncia/2 evőkanál rizsliszt

50 g/2 oz/½ csésze szárított (aprított) kókuszdió

1,5 ml/¼ teáskanál sütőpor

60 ml/4 evőkanál csokikrém

Nyújtsuk ki a tésztát (tészta), és béleljük ki a zsemleforma (steak tepsi) részeit. A vajat vagy a margarint és a cukrot habosra keverjük, majd a tojást és a rizslisztet habosra keverjük. Belekeverjük a kókuszt és a sütőport. Minden tésztadomb (pitehéj) aljára tegyünk egy kis kanál csokoládé megkenést. A tetejére kanalazzuk a kókuszos keveréket, és előmelegített sütőben 200°C-on 15 perc alatt megsütjük, amíg megkel és aranybarna nem lesz.

Édes cupcakes

15-öt tesz ki

100g/4oz/½ csésze vaj vagy margarin, lágyítva

225 g/8 oz/1 csésze kristálycukor

2 tojás

5 ml/1 teáskanál vanília esszencia (kivonat)

175 g/6 oz/1½ csésze magától kelő (magától kelő) liszt

5 ml/1 teáskanál sütőpor

Egy csipet só

75 ml/5 evőkanál tej

A vajat vagy a margarint és a cukrot habosra verjük. Fokozatosan adjuk hozzá a tojást és a pudingot, minden hozzáadás után jól felverjük. A lisztet, a sütőport és a sót a tejjel felváltva keverjük el, jól keverjük el. A masszát kanalazzuk papír tortaformákba (cupcake papírok), és 190°C-ra előmelegített sütőben süssük 20 percig, amíg a közepébe szúrt fogpiszkáló tisztán ki nem jön.

Coffee Dot sütemények

12-t tesz ki

A süteményekhez:

100g/4oz/½ csésze vaj vagy margarin, lágyítva

100 g/4 oz/½ csésze kristálycukor

2 tojás, enyhén felverve

100 g/4 oz/1 csésze magától kelő (magán kelő) liszt

10 ml/2 tk kávéesszencia (kivonat)

Fagyasztáshoz (jegesedés):

50 g/2 oz/¼ csésze vaj vagy margarin, lágyítva

100 g/4 oz/2/3 csésze (cukrász) porcukor, átszitálva

Néhány csepp kávéesszencia (kivonat)

100 g/4 oz/1 csésze csokoládéforgács

A sütemények elkészítéséhez vajjal vagy margarinnal és cukorral világos és bolyhos nem lesz. Fokozatosan beleütjük a tojásokat, majd belekeverjük a lisztet és a kávéesszenciát. A masszát kanalazzuk a tekercsformával (steak formával) bélelt papír tortaformákba (cukorkapapírok), és 180°C-ra előmelegített sütőben 20 percig süssük, amíg jól megkel és ruganyos lesz. Hagyd hülni.

A vajat vagy a margarint puhára habosítjuk a cukormáz elkészítéséhez, majd a porcukrot és a kávéesszenciát keverjük hozzá. A torták felületére kenjük és csokoládéreszelékkel díszítjük.

Eccles torták

16-os lesz

50 g/2 uncia/¼ csésze vaj vagy margarin

50 g/2 uncia/¼ csésze puha barna cukor

225 g/8 uncia/11/3 csésze mazsola

450 g leveles tészta vagy leveles tészta

Egy kis tej

45 ml/3 evőkanál finom cukor

A vajat vagy a margarint és a barna cukrot lassú tűzön olvasszuk fel, jól keverjük össze. A tűzről levéve belekeverjük a ribizlit. Hagyjuk kissé kihűlni. A tésztát (tésztát) lisztezett felületen kinyújtjuk és 16 körre vágjuk. Osszuk el a tölteléket a körök között, a széleket hajtsuk középre, és kenjük le vízzel, hogy a szélek összeérjenek. Fordítsd meg a süteményeket, és sodrófával enyhén tekerd fel, hogy kissé ellapuljanak. Mindegyik tetejére vágjunk három rést, kenjük meg tejjel és szórjuk meg cukorral. Kiolajozott tepsire tesszük, és előmelegített sütőben 200°C-on 20 perc alatt aranybarnára sütjük.

Tündér sütemények

Körülbelül 12-t tesz ki

100g/4oz/½ csésze vaj vagy margarin, lágyítva

100 g/4 oz/½ csésze kristálycukor

2 tojás, enyhén felverve

100 g/4 oz/1 csésze magától kelő (magán kelő) liszt

Egy csipet só

30 ml/2 teáskanál tej

Néhány csepp vanília esszencia (kivonat)

A vajat vagy a margarint és a cukrot habosra verjük. Fokozatosan hozzákeverjük a tojást, felváltva a liszttel és a sóval, majd a tejet és a vanília esszenciát simára keverjük. Papír tortaformákba (cupcake formák) vagy kivajazott zsemleformákba (steak formák) kanalazzuk, és előmelegített sütőben 190°C/375°F/gázjelzés 5 15-20 percig sütjük, amíg jól megkel és rugalmas lesz.

Tollas cukormázos tündérkalács

12-t tesz ki

50 g/2 oz/¼ csésze vaj vagy margarin, lágyítva

50 g/2 uncia/¼ csésze kristálycukor

1 tojás

50 g/2 oz/½ csésze magától kelő (magán kelő) liszt

100 g/4 oz/2/3 csésze (cukrászok) porcukor

15 ml/1 evőkanál meleg víz

Néhány csepp ételfesték

A vajat vagy a margarint és a cukrot habosra verjük. Fokozatosan beleütjük a tojást, majd belekeverjük a lisztet. Osszuk el a keveréket 12 papírra (cupcake bélések), amelyeket muffin formákkal (steak formákkal) bélelünk. 160°C-ra előmelegített sütőben 15-20 percig sütjük, amíg megkel és ruganyos lesz. Hagyd hülni.

Keverjük össze a porcukrot és a meleg vizet. Színezd ki a cukormáz egyharmadát az általad választott ételfestékkel. A fehér cukormázzal megkenjük a sütemények tetejét. A színes cukormázat vonalakban húzza végig a tortán, majd a kés hegyét derékszögben rajzolja meg a vonalakra, először az egyik, majd a másik irányba, hogy hullámos mintát hozzon létre. Hagyja beállni.

Genova képzelgései

12-t tesz ki

3 tojás, enyhén felverve

75 g/3 oz/1/3 csésze kristálycukor

75 g/3 oz/¾ csésze magától kelő (magától kelő) liszt

Néhány csepp vanília esszencia (kivonat)

25 g/1 uncia/2 evőkanál vaj vagy margarin, megolvasztva és lehűtve

60 ml/4 evőkanál baracklekvár (tartósított), szitálva (szűrve)

60 ml/4 evőkanál víz

225 g/8 uncia/11/3 csésze (cukrász) porcukor, átszitálva

Néhány csepp rózsaszín és kék ételfesték (elhagyható)

Tortadíszek

A tojásokat és a porcukrot enyhén forrásban lévő víz fölé állított hőálló tálba tesszük. Addig verjük, amíg a keverék szalagokban leválik a habverőről. Belekeverjük a lisztet és a vanília esszenciát, majd a vajat vagy a margarint. A masszát kivajazott, 30 x 20 cm-es svájci tekercsformába öntjük, és előmelegített sütőben 190°C-on 30 percig sütjük. Hagyjuk kihűlni, majd formákra vágjuk. A lekvárt 30 ml/2 evőkanál vízzel felmelegítjük, és a süteményekre kenjük.

A porcukrot egy tálba szitáljuk. Ha a cukormázt különböző színűre szeretnéd készíteni, külön tálakba oszd és mindegyik közepébe mélyedést készíts. Fokozatosan adjunk hozzá néhány csepp ételfestéket és csak annyi maradék vizet, hogy egy meglehetősen kemény cukormázzá keveredjen. A tortákra kenjük, és ízlés szerint díszítjük.

Mandulás macaroons

16-os lesz

Rizspapír

100 g/4 oz/½ csésze kristálycukor

50 g/2 uncia/½ csésze őrölt mandula

5 ml/1 teáskanál őrölt rizs

Néhány csepp mandula esszencia (kivonat)

1 tojás fehérje

8 hasított mandula, félbevágva

Egy tepsit (kekszet) kibélelünk rizspapírral. Az összes hozzávalót a blansírozott mandula kivételével kemény masszává keverjük, és jól kikeverjük. A masszából kanálokat tegyünk egy tepsire, és mindegyik tetejére tegyünk egy-egy mandulafélét. Előmelegített sütőben 150°C/325°F/gázjelzés 3 25 percig sütjük. Hagyjuk kihűlni a tepsiben, és mindegyiket körbevágjuk vagy szaggatjuk, hogy leválasszuk a rizspapír lapról.

Kókuszos macaroons

16-os lesz

2 tojásfehérje

150g/5oz/2/3 csésze kristálycukor

150 g/5 uncia/1¼ csésze szárított (aprított) kókuszdió

Rizspapír

8 mázas (kandírozott) cseresznye, félbevágva

A tojásfehérjét kemény habbá verjük. Addig keverjük a cukrot, amíg kemény csúcsokat nem kapunk. Belekeverjük a kókuszt. Tegyünk rizspapírt egy tepsire, és tegyünk rá egy kanál masszát. Mindegyik tetejére tegyünk egy-egy cseresznye felét. Előmelegített sütőben 160°C/3-as gázjelzéssel 30 perc alatt megsütjük. Hagyja kihűlni a rizspapírt, és mindegyiket körbevágja vagy tépje, hogy kiszabaduljon a rizspapírból.

Lime makaróni

12-t tesz ki

100 g omlós tészta

60 ml/4 evőkanál lime lekvár

2 tojásfehérje

50 g/2 uncia/¼ csésze kristálycukor

25 g/1 uncia/¼ csésze őrölt mandula

10 ml/2 teáskanál őrölt rizs

5 ml/1 teáskanál narancsvirágvíz

Nyújtsuk ki a tésztát (tészta), és béleljük ki a zsemleforma (steak tepsi) részeit. Minden tésztatartóba (pitehéj) tegyünk egy kis kanál lekvárt. A tojásfehérjét kemény habbá verjük. A cukrot kemény habbá és fényesre keverjük. Hozzákeverjük a mandulát, a rizst és a narancsvirágvizet. A tokba kanalazzuk, teljesen befedve a lekvárt. 180°C-ra előmelegített sütőben 30 percig sütjük, amíg megkel és aranybarna nem lesz.

Zabpehely makaróni

24-es lesz

175 g/6 uncia/1½ csésze hengerelt zab

175 g/6 uncia/¾ csésze muscovado cukor

120 ml/4 fl uncia/½ csésze olaj

1 tojás

2,5 ml/½ teáskanál só

2,5 ml/½ teáskanál mandula esszencia (kivonat)

Keverjük össze a zabot, a cukrot és az olajat, és hagyjuk állni 1 órát. Belekeverjük a tojást, a sót és a mandula esszenciát. Helyezzen kanálnyi keveréket egy kivajazott tepsire, és süsse előmelegített sütőben 160°C/325°F/gázjelzés 3-ra 20 perc alatt aranybarnára.

Madeleines

9-et tesz ki

100g/4oz/½ csésze vaj vagy margarin, lágyítva

100 g/4 oz/½ csésze kristálycukor

2 tojás, enyhén felverve

100 g/4 oz/1 csésze magától kelő (magán kelő) liszt

175 g/6 uncia/½ csésze eper- vagy málnalekvár (konzerv)

60 ml/4 evőkanál víz

50 g/2 oz/½ csésze szárított (aprított) kókuszdió

5 mázas (kandírozott) cseresznye, félbevágva

A vajat vagy a margarint habosra verjük, majd a cukrot habosra verjük. Fokozatosan beleütjük a tojásokat és belekeverjük a lisztet. Kilenc kivajazott dariole (várpuding) formába kanalazzuk, és sütőpapíros tepsire tesszük. 190°C-ra előmelegített sütőben 20 percig sütjük, amíg szép megkel és aranybarna nem lesz. A formákban 5 percig hűlni hagyjuk, majd rácsra téve teljesen kihűlni.

Vágja le minden torta tetejét, hogy egyenletes alapot képezzen. Szűrjük le (szűrjük) a lekvárt, és egy kis lábasban, kevergetve forraljuk fel a vízzel, amíg jól össze nem áll. Terítse el a kókuszt egy nagy zsírálló (viaszos) papírlapon. Az első torta aljába szúrjuk a nyársakat, megkenjük a lekváros cukormázzal, majd megforgatjuk a kókuszban, amíg bevonat nem lesz. Tálaló tányérra tesszük. Ismételje meg más süteményekkel is. A tetejére félbevágott üvegcseresznyét.

Marcipán sütemények

Körülbelül 12-t tesz ki

450 g/1 font/4 csésze őrölt mandula

100 g/4 oz/2/3 csésze (cukrász) porcukor, átszitálva

100 g/4 oz/½ csésze kristálycukor

30 ml/2 evőkanál víz

3 tojás fehérje

Fagyasztáshoz (jegesedés):
100 g/4 oz/2/3 csésze (cukrász) porcukor, átszitálva

1 tojás fehérje

2,5 ml/½ teáskanál ecet

A sütemény összes hozzávalóját összekeverjük egy serpenyőben, és óvatosan kevergetve melegítjük, amíg a paszta fel nem szívja az összes folyadékot. Levesszük a tűzről és hagyjuk kihűlni. Enyhén lisztezett felületen 1 cm/½ vastagságúra kinyújtjuk, és 3 cm/½ csíkokra vágjuk. 5 cm-es szeletekre vágjuk, kivajazott tepsire tesszük, és előmelegített sütőben 150°C/300°F/ gázjel 2 20 percig sütjük, amíg a felülete világosbarna nem lesz. Hagyd hülni.

A cukormáz elkészítéséhez a tojásfehérjét és az ecetet fokozatosan keverjük a porcukorral, amíg sima, sűrű habot nem kapunk. Kenjük meg a cukormázzal a süteményeket.

Muffin

12-t tesz ki

225 g/8 uncia/2 csésze sima (univerzális) liszt

100 g/4 oz/½ csésze kristálycukor

10 ml/2 tk sütőpor

2,5 ml/½ teáskanál só

1 tojás, enyhén felverve

250 ml/8 fl oz/1 csésze tej

120 ml/4 fl uncia/½ csésze olaj

A lisztet, a cukrot, a sütőport és a sót összekeverjük, és mélyedést készítünk a közepébe. A többi hozzávalót összekeverjük, majd a száraz hozzávalókhoz keverjük. Ne keverje túl sokat. Muffin formákba (papírokba) vagy kivajazott muffinformákba (formákba) kanalazzuk, és 200°C-ra előmelegített sütőben 20 percig sütjük, amíg jól megkel és ruganyos lesz.

Almás muffin

12-t tesz ki

225 g/8 uncia/2 csésze sima (univerzális) liszt

100 g/4 oz/½ csésze kristálycukor

10 ml/2 tk sütőpor

2,5 ml/½ teáskanál só

1 tojás, enyhén felverve

250 ml/8 fl oz/1 csésze tej

120 ml/4 fl uncia/½ csésze olaj

2 ehető (desszert) alma meghámozva, kimagozva és apróra vágva

A lisztet, a cukrot, a sütőport és a sót összekeverjük, és mélyedést készítünk a közepébe. A többi hozzávalót összekeverjük, majd a száraz hozzávalókhoz keverjük. Ne keverje túl sokat. Muffin formákba (papírokba) vagy kivajazott muffinformákba (formákba) kanalazzuk, és 200°C-ra előmelegített sütőben 20 percig sütjük, amíg jól megkel és ruganyos lesz.

Banán Muffin

12-t tesz ki

225 g/8 uncia/2 csésze sima (univerzális) liszt

100 g/4 oz/½ csésze kristálycukor

10 ml/2 tk sütőpor

2,5 ml/½ teáskanál só

1 tojás, enyhén felverve

250 ml/8 fl oz/1 csésze tej

120 ml/4 fl uncia/½ csésze olaj

2 banán, pépesítve

A lisztet, a cukrot, a sütőport és a sót összekeverjük, és mélyedést készítünk a közepébe. A többi hozzávalót összekeverjük, majd a száraz hozzávalókhoz keverjük. Ne keverje túl sokat. Muffin formákba (papírokba) vagy kivajazott muffinformákba (formákba) kanalazzuk, és 200°C-ra előmelegített sütőben 20 percig sütjük, amíg jól megkel és ruganyos lesz.

Feketeribizli Muffin

12-t tesz ki

225 g/8 oz/2 csésze magától kelő (magán kelő) liszt

75 g/3 oz/1/3 csésze kristálycukor

2 tojásfehérje

75 g/3 uncia feketeribizli

200 ml / 7 fl oz / alig 1 csésze tej

30 ml/2 evőkanál olaj

Keverjük össze a lisztet és a cukrot. A tojásfehérjét enyhén verjük habosra, majd keverjük a száraz hozzávalókhoz. Keverjük hozzá a fekete ribizlit, a tejet és az olajat. A kivajazott muffinformákba kanalazzuk, és 200°C-ra előmelegített sütőben 15-20 perc alatt aranybarnára sütjük.

Amerikai áfonyás muffin

12-t tesz ki

150 g/5 uncia/1¼ csésze sima (univerzális) liszt

75 g/3 uncia/¾ csésze kukoricadara

75 g/3 oz/1/3 csésze kristálycukor

10 ml/2 tk sütőpor

Egy csipet só

1 tojás, enyhén felverve

75 g/3 uncia/1/3 csésze vaj vagy margarin, olvasztott

250 ml / 8 fl oz / 1 csésze író

100 g/4 uncia áfonya

A lisztet, a kukoricalisztet, a cukrot, a sütőport és a sót összekeverjük, és mélyedést készítünk a közepébe. Adjuk hozzá a tojást, a vajat vagy a margarint és az írót, és keverjük simára. Keverjük hozzá az áfonyát vagy a szederet. Muffin formákba (papír) kanalazzuk, és 200°C-ra előmelegített sütőben 20 perc alatt aranybarnára és ruganyosra sütjük.

Cseresznye muffin

12-t tesz ki

225 g/8 uncia/2 csésze sima (univerzális) liszt

100 g/4 oz/½ csésze kristálycukor

100 g/4 oz/½ csésze mázas (kandírozott) cseresznye

10 ml/2 tk sütőpor

2,5 ml/½ teáskanál só

1 tojás, enyhén felverve

250 ml/8 fl oz/1 csésze tej

120 ml/4 fl uncia/½ csésze olaj

A lisztet, a cukrot, a meggyet, a sütőport és a sót összekeverjük, és mélyedést készítünk a közepébe. A többi hozzávalót összekeverjük, majd a száraz hozzávalókhoz keverjük. Ne keverje túl sokat. Muffin formákba (papírokba) vagy kivajazott muffinformákba (formákba) kanalazzuk, és 200°C-ra előmelegített sütőben 20 percig sütjük, amíg jól megkel és ruganyos lesz.

Csokis muffin

10-12-t tesz ki

175 g/6 uncia/1½ csésze sima (univerzális) liszt

40 g/1½ oz/1/3 csésze kakaópor (cukrozatlan csokoládé)

100 g/4 oz/½ csésze kristálycukor

10 ml/2 tk sütőpor

2,5 ml/½ teáskanál só

1 nagy tojás

250 ml/8 fl oz/1 csésze tej

2,5 ml/½ teáskanál vanília esszencia (kivonat)

120 ml/4 fl oz/½ csésze napraforgó- vagy növényi olaj

A száraz hozzávalókat összekeverjük, és mélyedést készítünk a közepébe. A tojást, a tejet, a vanília esszenciát és az olajat óvatosan összekeverjük. Gyorsan keverje össze a folyadékot a száraz hozzávalókkal, amíg össze nem áll. Ne keverje túl; a keveréknek csomósnak kell lennie. Muffin formákba (papírok) vagy formákba kanalazzuk, és előmelegített sütőben 200°C/400°F/6-os gázjelzéssel kb. 20 percig sütjük, amíg jól megkel és ruganyos lesz.

Csokis muffin

12-t tesz ki

175 g/6 uncia/1½ csésze sima (univerzális) liszt

100 g/4 oz/½ csésze kristálycukor

45 ml/3 evőkanál kakaópor (cukrozatlan csokoládé).

100 g/4 oz/1 csésze csokoládéforgács

10 ml/2 tk sütőpor

2,5 ml/½ teáskanál só

1 tojás, enyhén felverve

250 ml/8 fl oz/1 csésze tej

120 ml/4 fl uncia/½ csésze olaj

2,5 ml/½ teáskanál vanília esszencia (kivonat)

A lisztet, a cukrot, a kakaót, a csokireszeléket, a sütőport és a sót összekeverjük, és mélyedést készítünk a közepébe. A többi hozzávalót összekeverjük, majd a száraz hozzávalókhoz keverjük. Ne keverje túl sokat. Muffin formákba (papírokba) vagy kivajazott muffinformákba (formákba) kanalazzuk, és 200°C-ra előmelegített sütőben 20 percig sütjük, amíg jól megkel és ruganyos lesz.

Fahéjas Muffin

12-t tesz ki

225 g/8 uncia/2 csésze sima (univerzális) liszt

100 g/4 oz/½ csésze kristálycukor

10 ml/2 tk sütőpor

5 ml/1 teáskanál őrölt fahéj

2,5 ml/½ teáskanál só

1 tojás, enyhén felverve

250 ml/8 fl oz/1 csésze tej

120 ml/4 fl uncia/½ csésze olaj

A lisztet, a cukrot, a sütőport, a fahéjat és a sót összekeverjük, és mélyedést készítünk a közepébe. A többi hozzávalót összekeverjük, majd a száraz hozzávalókhoz keverjük. Ne keverje túl sokat. Muffin formákba (papírokba) vagy kivajazott muffinformákba (formákba) kanalazzuk, és 200°C-ra előmelegített sütőben 20 percig sütjük, amíg jól megkel és ruganyos lesz.

Kukoricalisztes Muffin

12-t tesz ki

50 g/2 uncia/½ csésze sima (univerzális) liszt

100 g/4 uncia/1 csésze kukoricadara

5 ml/1 teáskanál sütőpor

1 tojás, szétválasztva

1 tojássárgája

30 ml/2 evőkanál kukoricaolaj

30 ml/2 evőkanál tej

Keverjük össze a lisztet, a kukoricadarát és a sütőport. A tojássárgáját, az olajat és a tejet összekeverjük, majd a száraz hozzávalókhoz keverjük. A tojásfehérjét kemény habbá verjük, majd a masszához forgatjuk. Muffin formákba (papírokba) vagy kivajazott muffinformákba (formákba) kanalazzuk, és 200°C-ra előmelegített sütőben 20 perc alatt aranybarnára sütjük.

Teljes kiőrlésű füge muffin

10-et tesz ki

100 g/4 oz/1 csésze teljes kiőrlésű búzaliszt

5 ml/1 teáskanál sütőpor

50 g/2 uncia/½ csésze zab

50 g/2 uncia/1/3 csésze szárított füge, apróra vágva

45 ml/3 evőkanál olaj

75 ml/5 evőkanál tej

15 ml/1 evőkanál fekete szirup (melasz)

1 tojás, enyhén felverve

A lisztet, a sütőport és a zabot összekeverjük, majd belekeverjük a fügét. Az olajat, a tejet és a szirupot összekeverjük, majd a száraz hozzávalókhoz keverjük a tojással, és kemény tésztává keverjük. Tegyen kanálnyi keveréket muffinformákba (papírokba) vagy kivajazott muffinformákba (formákba), és süsse előmelegített sütőben 190°C/375°F/gázjelzés 5-ös hőmérsékleten körülbelül 20 perc alatt aranybarnára.

Gyümölcsös és korpás muffin

8-at tesz ki

100 g/4 uncia/1 csésze All Bran Gabona

50 g/2 uncia/½ csésze sima (univerzális) liszt

2,5 ml/½ teáskanál sütőpor

5 ml/1 teáskanál szódabikarbóna (szódabikarbóna)

5 ml/1 tk őrölt (almás pite) fűszer

50 g/2 uncia/1/3 csésze mazsola

100 g/4 uncia/1 csésze almaszósz (szósz)

5 ml/1 teáskanál vanília esszencia (kivonat)

30 ml/2 evőkanál tej

A száraz hozzávalókat összekeverjük, és mélyedést készítünk a közepébe. Hozzákeverjük a mazsolát, az almaszószt és a pudingot és annyi tejet, hogy lágy keveréket kapjunk. Muffin formákba (papírokba) vagy kivajazott muffinformákba (formákba) kanalazzuk, és előmelegített sütőben 200°C/400°F/6-os gázjelzéssel süssük 20 percig, amíg jól megkel és aranybarna nem lesz.

Zab Muffin

20-at tesz ki

100 g/4 oz/1 csésze zabpehely

100 g/4 oz/1 csésze zabpehely

225 g/8 uncia/2 csésze teljes kiőrlésű búzaliszt

10 ml/2 tk sütőpor

50 g/2 uncia/1/3 csésze mazsola (opcionális)

375 ml/13 fl uncia/1½ csésze tej

10 ml/2 teáskanál olaj

2 tojásfehérje

Keverjük össze a zabpelyhet, a lisztet és a sütőport, és ha használjuk, keverjük hozzá a mazsolát. Keverjük össze a tejjel és az olajjal. A tojásfehérjét kemény habbá verjük, majd a masszához forgatjuk. Muffin formákba (papírokba) vagy kivajazott muffinformákba (formákba) kanalazzuk, és 190°C-ra előmelegített sütőben 25 perc alatt aranybarnára sütjük.

Zabpehely gyümölcs Muffin

10-et tesz ki

100 g/4 oz/1 csésze teljes kiőrlésű búzaliszt

100 g/4 oz/1 csésze zabpehely

15 ml/1 evőkanál sütőpor

100 g/4 uncia/2/3 csésze szultána (arany mazsola)

50 g/2 uncia/½ csésze apróra vágott dió

1 étkezési (desszert) alma meghámozva, kimagozva és lereszelve

45 ml/3 evőkanál olaj

30 ml/2 evőkanál tiszta méz

15 ml/1 evőkanál fekete szirup (melasz)

1 tojás, enyhén felverve

90 ml/6 evőkanál tej

A lisztet, a zabpelyhet és a sütőport összekeverjük. Keverjük hozzá a szultánt, a diót és az almát. Az olajat, a mézet és a szirupot felolvadásig hevítjük, majd hozzákeverjük a tojást és annyi tejet, hogy lágy csöpögés legyen. Muffin formákba (papírokba) vagy kivajazott muffinformákba (formákba) kanalazzuk, és 190°C-ra előmelegített sütőben 25 perc alatt aranybarnára sütjük.

Narancssárga muffin

12-t tesz ki

100 g/4 oz/1 csésze magától kelő (magán kelő) liszt

100 g/4 uncia/½ csésze puha barna cukor

1 tojás, enyhén felverve

120 ml/4 fl oz/½ csésze narancslé

60 ml/4 evőkanál olaj

2,5 ml/½ teáskanál vanília esszencia (kivonat)

25g/1oz/2 evőkanál vaj vagy margarin

30 ml/2 evőkanál sima (általános) liszt

2,5 ml/½ teáskanál őrölt fahéj

Egy tálban keverjük össze a megkelt lisztet és a cukor felét. Keverjük össze a tojást, a narancslevet, az olajat és a vanília esszenciát, majd keverjük a száraz hozzávalókhoz. Ne keverje túl sokat. Muffin formákba (papírokba) vagy kivajazott muffinformákba (formákba) kanalazzuk, és előmelegített sütőben 200°C/400°F/6-os gázjelzéssel 10 percig sütjük.

Közben a töltelékben lévő vajat vagy margarint a sima liszttel elkeverjük, majd belekeverjük a maradék cukrot és a fahéjat. Szórjuk rá a muffinokat, és tegyük vissza a sütőbe további 5 percre, amíg aranybarnák nem lesznek.

Őszibarack muffin

12-t tesz ki

225 g/8 uncia/2 csésze sima (univerzális) liszt

100 g/4 oz/½ csésze kristálycukor

10 ml/2 tk sütőpor

2,5 ml/½ teáskanál só

1 tojás, enyhén felverve

175 ml/6 fl uncia/¾ csésze tej

120 ml/4 fl uncia/½ csésze olaj

200g/7oz/1 kis konzerv őszibarack, lecsepegtetve és apróra vágva

A lisztet, a cukrot, a sütőport és a sót összekeverjük, és mélyedést készítünk a közepébe. A többi hozzávalót összekeverjük, majd a száraz hozzávalókhoz keverjük. Ne keverje túl sokat. Muffin formákba (papírokba) vagy kivajazott muffinformákba (formákba) kanalazzuk, és 200°C-ra előmelegített sütőben 20 percig sütjük, amíg jól megkel és ruganyos lesz.

Mogyoróvajas Muffin

12-t tesz ki

225 g/8 uncia/2 csésze sima (univerzális) liszt

100 g/4 uncia/½ csésze puha barna cukor

10 ml/2 tk sütőpor

2,5 ml/½ teáskanál só

1 tojás, enyhén felverve

250 ml/8 fl oz/1 csésze tej

120 ml/4 fl uncia/½ csésze olaj

45 ml/3 evőkanál mogyoróvaj

A lisztet, a cukrot, a sütőport és a sót összekeverjük, és mélyedést készítünk a közepébe. A többi hozzávalót összekeverjük, majd a száraz hozzávalókhoz keverjük. Ne keverje túl sokat. Muffin formákba (papírokba) vagy kivajazott muffinformákba (formákba) kanalazzuk, és 200°C-ra előmelegített sütőben 20 percig sütjük, amíg jól megkel és ruganyos lesz.

Ananász Muffin

12-t tesz ki

225 g/8 uncia/2 csésze sima (univerzális) liszt

100 g/4 uncia/½ csésze puha barna cukor

10 ml/2 tk sütőpor

2,5 ml/½ teáskanál só

1 tojás, enyhén felverve

175 ml/6 fl uncia/¾ csésze tej

120 ml/4 fl uncia/½ csésze olaj

200g/7oz/1 kis ananászkonzerv, lecsepegtetve és apróra vágva

30 ml/2 evőkanál demerara cukor

A lisztet, a puha barna cukrot, a sütőport és a sót összekeverjük, és mélyedést készítünk a közepébe. A demerara cukor kivételével az összes többi hozzávalót összekeverjük, és a száraz hozzávalókhoz keverjük, amíg el nem keveredik. Ne keverje túl sokat. Muffin formákba (papírok) vagy kivajazott muffin formákba (formákba) kanalazzuk, és megszórjuk demerara cukorral. 200°C-ra előmelegített sütőben 20 percig sütjük, amíg jól megkel és ruganyos lesz.

Málnás Muffin

12-t tesz ki

225 g/8 uncia/2 csésze sima (univerzális) liszt

100 g/4 oz/½ csésze kristálycukor

10 ml/2 tk sütőpor

2,5 ml/½ teáskanál só

200 g/7 uncia málna

1 tojás, enyhén felverve

250 ml/8 fl oz/1 csésze tej

120 ml/4 fl oz/½ csésze növényi olaj

Keverjük össze a lisztet, a cukrot, a sütőport és a sót. Belekeverjük a málnát, és mélyedést készítünk a közepébe. Keverjük össze a tojást, a tejet és az olajat, majd öntsük a száraz hozzávalókhoz. Óvatosan keverjük össze, amíg az összes száraz hozzávaló el nem keveredik, de a keverék továbbra is csomós lesz. Ne üss túl erősen. A keveréket kanalazzuk muffinformákba (papírokba) vagy kivajazott muffinformákba (formákba), és 200°C-ra előmelegített sütőben süssük 20 percig, amíg jól megkel és rugalmas lesz.

Málnás és citromos muffin

12-t tesz ki

175 g/6 uncia/1½ csésze sima (univerzális) liszt

50 g/2 uncia/¼ csésze kristálycukor

50 g/2 uncia/¼ csésze puha barna cukor

10 ml/2 tk sütőpor

5 ml/1 teáskanál őrölt fahéj

Egy csipet só

1 tojás, enyhén felverve

100g/4oz/½ csésze vaj vagy margarin, olvasztott

120 ml/4 fl oz/½ csésze tej

100 g/4 oz friss málna

10 ml/2 tk reszelt citromhéj

Töltelékhez:

75 g/3 oz/½ csésze porcukor (cukrászipari) szitálva

15 ml/1 evőkanál citromlé

A lisztet, kristálycukrot, barna cukrot, sütőport, fahéjat és sót összekeverjük egy tálban, és mélyedést készítünk a közepébe. Hozzáadjuk a tojást, a vajat vagy a margarint és a tejet, és addig keverjük, amíg a hozzávalók össze nem keverednek. Keverjük hozzá a málnát és a citromhéjat. Muffin formákba (papírokba) vagy kivajazott muffinformákba (formákba) kanalazzuk, és előmelegített sütőben 180°C/350°F/gázjelzés 4 20 perc alatt aranybarnára és rugalmasra sütjük. Töltelékként keverjük össze a porcukrot és a citromlevet, és csorgassuk rá a meleg muffinokra.

Sultana muffin

12-t tesz ki

225 g/8 uncia/2 csésze sima (univerzális) liszt

100 g/4 oz/½ csésze kristálycukor

100 g/4 uncia/2/3 csésze szultána (arany mazsola)

10 ml/2 tk sütőpor

5 ml/1 tk őrölt (almás pite) fűszer

2,5 ml/½ teáskanál só

1 tojás, enyhén felverve

250 ml/8 fl oz/1 csésze tej

120 ml/4 fl uncia/½ csésze olaj

A lisztet, a cukrot, a szultánt, a sütőport, a fűszereket és a sót összekeverjük, és mélyedést készítünk a közepébe. Keverjük össze a többi hozzávalóval, amíg össze nem áll. Muffin formákba (papírokba) vagy kivajazott muffinformákba (formákba) kanalazzuk, és 200°C-ra előmelegített sütőben 20 percig sütjük, amíg jól megkel és ruganyos lesz.

Szirupos Muffin

12-t tesz ki

225 g/8 uncia/2 csésze sima (univerzális) liszt

100 g/4 uncia/½ csésze puha barna cukor

10 ml/2 tk sütőpor

2,5 ml/½ teáskanál só

1 tojás, enyhén felverve

175 ml/6 fl uncia/¾ csésze tej

60 ml/4 evőkanál fekete szirup (melasz)

120 ml/4 fl uncia/½ csésze olaj

A lisztet, a cukrot, a sütőport és a sót összekeverjük, és mélyedést készítünk a közepébe. Keverjük össze a többi hozzávalóval, amíg össze nem áll. Ne keverje túl sokat. Muffin formákba (papírokba) vagy kivajazott muffinformákba (formákba) kanalazzuk, és 200°C-ra előmelegített sütőben 20 percig sütjük, amíg jól megkel és ruganyos lesz.

Szirupos és zab muffin

10-et tesz ki

100 g/4 uncia/1 csésze sima (univerzális) liszt

175 g/6 uncia/1½ csésze hengerelt zab

100 g/4 uncia/½ csésze puha barna cukor

15 ml/1 evőkanál sütőpor

5 ml/1 teáskanál őrölt fahéj

2,5 ml/½ teáskanál só

1 tojás, enyhén felverve

120 ml/4 fl oz/½ csésze tej

60 ml/4 evőkanál fekete szirup (melasz)

75 ml/5 evőkanál olaj

A lisztet, a zabot, a cukrot, a sütőport, a fahéjat és a sót összekeverjük, és mélyedést készítünk a közepébe. A többi hozzávalót összekeverjük, majd a száraz hozzávalókhoz keverjük. Ne keverje túl sokat. Muffin formákba (papírok) vagy kivajazott muffinformákba (formákba) kanalazzuk, és 200°C-ra előmelegített sütőben 15 percig sütjük, amíg jól megkel és ruganyos lesz.

Zabpehely pirítós

8-at tesz ki

225 g/8 uncia/2 csésze zab

100 g/4 oz/1 csésze teljes kiőrlésű búzaliszt

5 ml/1 teáskanál só

5 ml/1 teáskanál sütőpor

50 g/2 uncia/¼ csésze disznózsír (rövidített)

30 ml/2 evőkanál hideg víz

Keverjük össze a száraz hozzávalókat, majd dörzsöljük bele a disznózsírt, amíg a keverék zsemlemorzsára nem hasonlít. Keverjük fel annyi vízzel, hogy kemény tésztát kapjunk. Enyhén lisztezett felületen 18 cm-es kerek korongokat nyújtunk, és nyolc részre vágjuk. Kivajazott tepsire tesszük, és előmelegített sütőben, 180°C-on 25 percig sütjük. Vajjal, lekvárral vagy lekvárral tálaljuk.

Epres szivacsomlettek

18-at tesz ki

5 tojássárgája

75 g/3 oz/1/3 csésze kristálycukor

Egy csipet só

½ citrom reszelt héja

4 tojás fehérje

40 g/1½ oz/1/3 csésze kukoricakeményítő

40 g/1½ oz/1/3 csésze sima (univerzális) liszt

40 g/1½ oz/3 evőkanál vaj vagy margarin, olvasztott

300 ml/½ pt/1¼ csésze habtejszín

225 g/8 uncia eper

Porcukor (cukrászok), szitált, porozáshoz

A tojássárgáját 25 g porcukorral habosra és sűrűre verjük, majd beledolgozzuk a sót és a citromhéjat. A tojásfehérjét kemény habbá verjük, hozzáadjuk a többi porcukrot, és tovább verjük, amíg kemény és fényes nem lesz. Belekeverjük a tojássárgáját, majd a kukoricadarat és a lisztet. Hozzákeverjük az olvasztott vajat vagy margarint. Tegye át a keveréket egy 1 cm/½ hüvelykes sima fúvókával (véggel) ellátott tömlőtasakba, és 15 cm/6 körökben pipálja ki egy kivajazott és kibélelt tepsire. 220°C-ra előmelegített sütőben 10 percig sütjük, amíg színe nem lesz, de nem barna. Hagyd hülni.

A tejszínt kemény habbá verjük. Minden kör felére vékony réteget kenünk, a tetejére epret teszünk, és még krémmel fejezzük be. Hajtsa rá az "omlettek" tetejét. Porcukorral ízesítjük és tálaljuk.

Borsmentás sütemények

12-t tesz ki

100g/4oz/½ csésze vaj vagy margarin, lágyítva

100 g/4 oz/½ csésze kristálycukor

2 tojás, enyhén felverve

75 g/3 oz/¾ csésze magától kelő (magától kelő) liszt

10 ml/2 teáskanál kakaópor (cukrozatlan csokoládé).

Egy csipet só

225 g/8 uncia/11/3 csésze (cukrász) porcukor, átszitálva

30 ml/2 evőkanál víz

Néhány csepp zöld ételfesték

Néhány csepp borsmenta esszencia (kivonat)

Díszítésnek félbevágott csokoládé mandula

A vajat vagy a margarint és a cukrot habosra és habosra verjük, majd fokozatosan hozzákeverjük a tojásokat. Belekeverjük a lisztet, a kakaót és a sót. Kivajazott zsemleformákba (steakformákba) kanalazzuk, és előmelegített sütőben 200°C/400°F/6-os gázjelzéssel 10 percig sütjük, amíg ruganyos nem lesz. Hagyd hülni.

A porcukrot egy tálba szitáljuk és 15 ml/1 evőkanál vízzel elkeverjük, majd ízlés szerint adjunk hozzá ételfestéket és borsmenta eszenciát. Adjon hozzá vizet, ha szükséges, hogy olyan állagot kapjon, amely bevonja a kanál hátát. Kenjük meg a cukormázzal a tortákat, és díszítsük csokoládé mentával.

Mazsolás sütemények

12-t tesz ki

175 g/6 uncia/1 csésze mazsola

250 ml / 8 fl oz / 1 csésze víz

5 ml/1 teáskanál szódabikarbóna (szódabikarbóna)

100g/4oz/½ csésze vaj vagy margarin, lágyítva

100 g/4 uncia/½ csésze puha barna cukor

1 tojás, felvert

5 ml/1 teáskanál vanília esszencia (kivonat)

200 g/7 uncia/1¾ csésze sima (univerzális) liszt

5 ml/1 teáskanál sütőpor

Egy csipet só

Forraljuk fel a mazsolát, a vizet és a szódabikarbónát egy lábosban, és főzzük lassan 3 percig. Hagyja lehűlni kézi hőmérsékletre. A vajat vagy a margarint és a cukrot habosra verjük. Hozzákeverjük a tojást és a vanília aromát. Hozzákeverjük a mazsolás keveréket, majd belekeverjük a lisztet, a sütőport és a sót. A keveréket kanalazzuk muffinformákba (papír) vagy kivajazott muffinformákba (formákba), és előmelegített sütőben 180°C/350°F/gáz jelzés 4 12-15 percig süsd, amíg jól megkel és aranybarna nem lesz.

Mazsola fürtök

24-es lesz

225 g/8 uncia/2 csésze sima (univerzális) liszt

Egy csipetnyi őrölt (almás pite) fűszer

5 ml/1 teáskanál szódabikarbóna (szódabikarbóna)

225 g/8 oz/1 csésze kristálycukor

45 ml/3 evőkanál őrölt mandula

225 g/8 uncia/1 csésze vaj vagy margarin, olvasztott

45 ml/3 evőkanál mazsola

1 tojás, enyhén felverve

Keverjük össze a száraz hozzávalókat, keverjük hozzá az olvasztott vajat vagy margarint, majd a mazsolát és a tojást. Jól keverjük össze szilárd masszává. Enyhén lisztezett felületen nyújtsuk ki kb. ¼ x 5 mm vastagra, és vágjuk 5 mm x 20 cm-es / ¼ x 8 hüvelykes csíkokra. Enyhén nedvesítse meg a felső felületet vízzel, és minden csíkot a rövidebbik végétől tekerjen. Kivajazott tepsire tesszük, és előmelegített sütőben 200°C-on 15 perc alatt aranybarnára sütjük.

Málnás zsemle

12 zsemlét készít

225 g/8 uncia/2 csésze sima (univerzális) liszt

7,5 ml/½ evőkanál sütőpor

2,5 ml/½ teáskanál őrölt kevert (almás pite) fűszer

Egy csipet só

75 g/3 uncia/1/3 csésze vaj vagy margarin

75 g/3 uncia/1/3 csésze kristálycukor, plusz még a mártáshoz

1 tojás

60 ml/4 evőkanál tej

60 ml/4 evőkanál málnalekvár (tartósítás)

Keverjük össze a lisztet, a sütőport, a fűszereket és a sót, majd dörzsöljük bele a vajat vagy a margarint, amíg a keverék zsemlemorzsa nem lesz. Keverjük bele a cukrot. Hozzákeverjük a tojást és annyi tejet, hogy kemény tésztát kapjunk. 12 golyóra osztjuk, és kivajazott tepsire tesszük. Mindegyik közepébe az ujjunkkal készítsünk egy lyukat, és kanalazzuk bele egy kevés málnalekvárt. Megkenjük tejjel és megszórjuk porcukorral. 220°C-ra előmelegített sütőben 10-15 perc alatt aranybarnára sütjük. A tetejére szükség esetén még egy kis lekvárt teszünk.

Barna rizs és napraforgó sütemények

12-t tesz ki

75 g/3 uncia/¾ csésze főtt barna rizs

50 g/2 oz/½ csésze napraforgómag

25 g/1 uncia/¼ csésze szezámmag

40 g mazsola

40 g mázas (kandírozott) cseresznye, negyedelve

25 g/1 uncia/2 evőkanál puha barna cukor

15 ml/1 evőkanál tiszta méz

75 g/3 uncia/1/3 csésze vaj vagy margarin

5 ml/1 teáskanál citromlé

Keverjük össze a rizst, a magokat és a gyümölcsöt. A cukrot, a mézet, a vajat vagy a margarint és a citromlevet felolvasztjuk és a rizses keverékhez keverjük. 12 tortaformába kanalazzuk, és előmelegített sütőben 200°C/400°F/6-os gázjelzéssel 15 percig sütjük.

Rock sütemények

12-t tesz ki

225 g/8 uncia/2 csésze sima (univerzális) liszt

Egy csipet só

10 ml/2 tk sütőpor

50 g/2 uncia/¼ csésze vaj vagy margarin

50 g/2 uncia/¼ csésze disznózsír (rövidített)

100 g/4 uncia/2/3 csésze szárított gyümölcs (gyümölcstorta keverék)

100 g/4 uncia/½ csésze demerara cukor

½ citrom reszelt héja

1 tojás

15-30 ml/1-2 evőkanál tej

Keverjük össze a lisztet, a sót és a sütőport, majd dörzsöljük bele a vajat vagy a margarint és a zsírt, amíg a keverék zsemlemorzsa nem lesz. Keverjük hozzá a gyümölcsöt, a cukrot és a citromhéjat. A tojást 15 ml/1 evőkanál tejjel felverjük, a száraz hozzávalókhoz adjuk és kemény tésztává keverjük, ha kell még tejjel. Kikent tepsire kis halmokat helyezünk a keverékből, és előmelegített sütőben 200°C-on 15-20 perc alatt aranybarnára sütjük.

Cukormentes rock sütemények

12-t tesz ki

75 g/3 uncia/1/3 csésze vaj vagy margarin

175 g/6 uncia/1¼ csésze teljes kiőrlésű búzaliszt

50 g/2 uncia/½ csésze zabpehely

10 ml/2 tk sütőpor

5 ml/1 teáskanál őrölt fahéj

100 g/4 uncia/2/3 csésze szultána (arany mazsola)

1 citrom reszelt héja

1 tojás, enyhén felverve

90 ml/6 evőkanál tej

Dörzsölje el a vajat vagy a margarint a liszttel, a sütőporral és a fahéjjal, amíg a keverék zsemlemorzsára nem hasonlít. Keverjük hozzá a szultánt és a citromhéjat. Adjuk hozzá a tojást és annyi tejet, hogy lágy keveréket kapjunk. Kivajazott tepsire kanalazzuk, és 200°C-ra előmelegített sütőben 15-20 perc alatt aranybarnára sütjük.

Sáfrányos sütemények

12-t tesz ki

Egy csipet őrölt sáfrány

75 ml/5 evőkanál forrásban lévő víz

75 ml/5 evőkanál hideg víz

100g/4oz/½ csésze vaj vagy margarin, lágyítva

225 g/8 oz/1 csésze kristálycukor

2 tojás, enyhén felverve

225 g/8 uncia/2 csésze sima (univerzális) liszt

10 ml/2 tk sütőpor

2,5 ml/½ teáskanál só

175 g/6 uncia/1 csésze szultána (arany mazsola)

175 g/6 oz/1 csésze apróra vágott vegyes (kandírozott) héj

Áztasd a sáfrányt forrásban lévő vízbe 30 percre, majd adj hozzá hideg vizet. A vajat vagy a margarint és a cukrot habosra és habosra verjük, majd fokozatosan hozzákeverjük a tojásokat. A lisztet a sütőporral és a sóval szitáljuk, majd a lisztes keverékből 50 g/2 uncia/½ csésze lisztes keveréket adjunk a szultánákhoz és a kevert kéreghez. A lisztet a sáfrányos vízzel felváltva keverjük a tejszínhabbal, majd forgassuk bele a gyümölcsöt. Muffin formákba (papírokba) vagy kivajazott és lisztezett muffinformákba (formákba) kanalazzuk, és előmelegített sütőben 190°C/375°F/gázjelzés 5 kb. 15 percig sütjük, amíg a felülete ruganyos nem lesz.

Rum Babas

8-at tesz ki

100 g/4 oz/1 csésze erős sima (kenyér)liszt

5 ml/1 teáskanál könnyen keverhető száraz élesztő

Egy csipet só

45 ml/3 evőkanál meleg tej

2 tojás, enyhén felverve

50 g/2 oz/¼ csésze vaj vagy margarin, olvasztott

25 g/1 uncia/3 evőkanál mazsola

A sziruphoz:

250 ml / 8 fl oz / 1 csésze víz

75 g/3 oz/1/3 csésze kristálycukor

20 ml/4 teáskanál citromlé

60 ml/4 evőkanál rum

Mázhoz és díszítéshez:

60 ml/4 evőkanál baracklekvár (tartósított), szitálva (szűrve)

15 ml/1 evőkanál víz

150 ml/¼ pt/2/3 csésze habverő vagy dupla (nehéz) tejszín

4 mázas (kandírozott) cseresznye, félbevágva

Néhány csík angyalgyökér, háromszögekre vágva

Egy tálban összekeverjük a lisztet, az élesztőt és a sót, és
mélyedést készítünk a közepébe. A tejet, a tojást és a vajat vagy
margarint összekeverjük, majd a lisztet sima tésztává verjük.
Keverjük hozzá a ribizlit. A masszát nyolc kikent és lisztezett
különálló gyűrűs formába (csőformába) kanalazzuk úgy, hogy csak
a harmada legyen a formák tetején. Fedjük le olajozott fóliával
(műanyag fóliával), és hagyjuk meleg helyen 30 percig, amíg a

tészta a tepsi tetejére nem kel. 200°C-ra előmelegített sütőben 15 perc alatt aranybarnára sütjük. Fordítsa fejjel lefelé a serpenyőket és hagyja hűlni 10 percig, majd vegye ki a süteményeket a formákból, és helyezze egy nagy lapos edénybe. Villával szurkáljuk meg az egészet.

A szirup elkészítéséhez a vizet, a cukrot és a citromlevet alacsony lángon melegítjük, kevergetve addig, amíg a cukor fel nem oldódik. Növelje a hőt és forralja fel. Levesszük a tűzről, és belekeverjük a rumot. A forró szirupot kanalazzuk a süteményekre, és hagyjuk 40 percig ázni.

A lekvárt és a vizet alacsony lángon addig melegítjük, amíg jól el nem keveredik. Kenjük meg a babát a tetejére, és tegyük egy tálra. A tejszínt felverjük, és minden sütemény közepére pipázzuk. Meggyel és angyalgyökérrel díszítjük.

Piskótagolyós sütemények

24-es lesz

5 tojássárgája

75 g/3 oz/1/3 csésze kristálycukor

7 tojás fehérje

75 g/3 uncia/¾ csésze kukoricakeményítő

50 g/2 uncia/½ csésze sima (univerzális) liszt

A tojássárgáját 15 ml/1 evőkanál cukorral habosra és sűrűre verjük. A tojásfehérjét kemény habbá verjük, a többi cukorral pedig kemény habbá verjük. Fémkanállal keverjük hozzá a kukoricalisztet. A sárgája felét egy fémkanállal a fehérjébe forgatjuk, a többi sárgáját pedig beleforgatjuk. Óvatosan belekeverjük a lisztet. Tegye át a keveréket egy szabványos 2,5 cm/1-es fúvókával (véggel) ellátott csőzsákba, és egy zsírozott és kibélelt tepsibe süssön kör alakú süteményekbe, jó egymástól. Előmelegített sütőben 200°C/400°F/6-os gázjellel süsd 5 percig, majd csökkentsd a sütő hőmérsékletét 180°C/350°F/4-es gázjelzésre további 10 percig, amíg aranybarna és ruganyos nem lesz. kapcsolatba lépni.

Csokis piskóták

12-t tesz ki

5 tojássárgája

75 g/3 oz/1/3 csésze kristálycukor

7 tojás fehérje

75 g/3 uncia/¾ csésze kukoricakeményítő

50 g/2 uncia/½ csésze sima (univerzális) liszt

60 ml/4 evőkanál baracklekvár (tartósított), szitálva (szűrve)

30 ml/2 evőkanál víz

1 adag főtt csokoládé cukormáz

150 ml/¼ pt/2/3 csésze tejszínhab

A tojássárgáját 15 ml/1 evőkanál cukorral habosra verjük. A tojásfehérjét kemény habbá verjük, a többi cukorral pedig kemény habbá verjük. Fémkanállal keverjük hozzá a kukoricalisztet. A sárgája felét egy fémkanállal a fehérjébe forgatjuk, a többi sárgáját pedig beleforgatjuk. Óvatosan belekeverjük a lisztet. Tegye át a keveréket egy szabványos 2,5 cm/1-es fúvókával (véggel) ellátott csőzsákba, és egy zsírozott és kibélelt tepsibe süssön kör alakú süteményekbe, jó egymástól. Előmelegített sütőben 200°C/400°F/6-os gázjellel süsd 5 percig, majd csökkentsd a sütő hőmérsékletét 180°C/350°F/4-es gázjelzésre további 10 percig, amíg aranybarna és ruganyos nem lesz. kapcsolatba lépni. Áthelyezés állványra.

Forraljuk fel a lekvárt és a vizet sűrűre és jól elkeverjük, majd kenjük meg a sütemények tetejét. Hagyd hülni. A gombát mártsuk a csokimázba, és hagyjuk kihűlni. A tejszínt verjük kemény habbá, majd keverjük össze a krémmel a tortákat.

Nyári hógolyók

24-es lesz

100g/4oz/½ csésze vaj vagy margarin, lágyítva

100 g/4 oz/½ csésze kristálycukor

5 ml/1 teáskanál vanília esszencia (kivonat)

2 tojás, enyhén felverve

225 g/8 oz/2 csésze magától kelő (magán kelő) liszt

120 ml/4 fl oz/½ csésze tej

120 ml / 4 fl oz / ½ csésze dupla (nehéz) tejszín

25 g / 1 uncia / 3 evőkanál porcukor (cukrászati) átszitált

60 ml/4 evőkanál baracklekvár (tartósított), szitálva (szűrve)

30 ml/2 evőkanál víz

150 g/5 uncia/1¼ csésze szárított (aprított) kókuszdió

A vajat vagy a margarint és a cukrot habosra verjük. Fokozatosan belekeverjük a vanília esszenciát és a tojást, majd a lisztet felváltva a tejjel. A masszát kanalazzuk a kivajazott muffinsütő(k)be, és előmelegített sütőben 180°C/350°F/gázjelzés 4-en 15 percig sütjük, amíg jól megkel és ruganyos lesz. Tegyük rácsra hűlni. Vágjuk le a muffinok tetejét.

A tejszínt és a porcukrot kemény habbá verjük, majd minden muffin tetejére kanalazunk egy keveset, és visszatesszük a fedőt. A lekvárt vízzel keverésig felmelegítjük, majd a muffinokat megkenjük, és bőségesen megszórjuk kókuszreszelékkel.

Gomba cseppek

12-t tesz ki

3 tojás, felvert

100 g/4 oz/½ csésze kristálycukor

2,5 ml/½ teáskanál vanília esszencia (kivonat)

100 g/4 uncia/1 csésze sima (univerzális) liszt

5 ml/1 teáskanál sütőpor

100 g/4 uncia/1/3 csésze málnalekvár (konzerv)

150 ml/¼ pt/2/3 csésze dupla tejszín (nehéz), felvert

Porcukor (cukrászok), szitált, porozáshoz

A tojásokat, a porcukrot és a vaníliás cukrot egy forró víz fölé állított tálba tesszük, és addig verjük, amíg besűrűsödik. Vegyük ki a tálat a formából, és keverjük hozzá a lisztet és a sütőport. A keverékből kis kanálokat tegyünk egy kivajazott tepsire, és előmelegített sütőben 190°C/375°F/gázjelzés 5 10 perc alatt süsd aranybarnára. Tegyük rácsra, és hagyjuk kihűlni. A cseppeket lekvárral és tejszínnel keverjük össze, és tálalás előtt szórjuk meg porcukorral.

Alap habcsók

6-8

2 tojásfehérje

100 g/4 oz/½ csésze kristálycukor

A tojásfehérjét egy tiszta, zsírmentes tálban verjük fel addig, amíg lágy csúcsok keletkeznek. Hozzáadjuk a cukor felét, és tovább verjük, amíg a keverék kemény nem lesz. Fémkanál segítségével óvatosan keverjük hozzá a maradék cukrot. Egy tepsit béleljünk ki sütőpapírral, és helyezzünk rá 6-8 habcsók csokrot. A habcsókokat a sütőben, a lehető legalacsonyabb hőmérsékleten 2-3 órán át szárítjuk. Hűtsük le rácson.

Mandulás habcsók

12-t tesz ki

2 tojásfehérje

100 g/4 oz/½ porcukor

100 g/4 oz/1 csésze őrölt mandula

Néhány csepp mandula esszencia (kivonat)

12 fél mandula a díszítéshez

A tojásfehérjét kemény habbá verjük. Adjuk hozzá a cukor felét, és verjük tovább, amíg kemény csúcsot nem kapunk. Hozzákeverjük a maradék cukrot, az őrölt mandulát és a mandula eszenciát. A masszát kivajazott és kibélelt tepsibe kanalazzuk 12 körbe, és mindegyikre tegyünk egy-egy mandula felét. Előmelegített sütőben 130°C/250°F/gázjel ½ 2-3 órán keresztül ropogósra sütjük.

Spanyol mandulás habcsók süti

16-os lesz

225 g/8 oz/1 csésze kristálycukor

225 g/8 uncia/2 csésze őrölt mandula

1 tojás fehérje

100 g/4 uncia/1 csésze egész mandula

A cukrot, az őrölt mandulát és a tojásfehérjét simára verjük.
Golyóba formázzuk, és a tésztát hengerelve lapítjuk ki. Kis
kockákra vágjuk, és kivajazott tepsire tesszük. Minden keksz
közepébe nyomjunk egy egész mandulát. 160°C/325°F/gázjelzés
3-as előmelegített sütőben 15 percig sütjük.

Habcsók Cuite kosarak

6-ot tesz ki

4 tojás fehérje

225-250g/8-9oz/11/3-1½ csésze porcukor (cukrásziparí) szitálva

Néhány csepp vanília esszencia (kivonat)

A tojásfehérjét egy tiszta, zsírmentes, hőálló tálban habosra verjük, majd fokozatosan beleforgatjuk a porcukrot és a vaníliás cukrot. Helyezze az edényt egy enyhén forrásban lévő víz fölé, és addig keverje, amíg a habcsók megtartja formáját, és vastag nyomot hagy maga után, amikor a habverőt kiemelik. Egy tepsit béleljünk ki sütőpapírral, és rajzoljunk a papírra hat darab 7,5 cm-es kört. Minden körbe kanalazzuk a habcsók keverék felét. Tegye a többit egy zsákba, és mindegyik alap széle köré csípjen két réteg habcsókot. Előmelegített sütőben 150°C/300°F/2-es gázjelzéssel körülbelül 45 percig szárítjuk.

Mandula pehely

10-et tesz ki

2 tojásfehérje

100 g/4 oz/½ csésze kristálycukor

75 g/3 uncia/¾ csésze őrölt mandula

25 g/1 uncia/2 evőkanál vaj vagy margarin, lágyítva

50 g/2 oz/1/3 csésze (cukrász) porcukor, átszitálva

10 ml/2 teáskanál kakaópor (cukrozatlan csokoládé).

50 g/2 oz/½ csésze sima (félédes) csokoládé, olvasztott

A tojásfehérjét kemény habbá verjük. Apránként beleforgatjuk a porcukrot. Hozzákeverjük az őrölt mandulát. Egy 1 cm/½ csőfúvóka (hegy) segítségével 5 cm/2 hosszúságúra csorgassa a keveréket egy enyhén olajozott tepsire. 140°C-ra előmelegített sütőben 1-es gázjelzéssel 1 1-1,5 órán át sütjük. Hagyd hülni.

A vajat vagy a margarint, a porcukrot és a kakaót habosra keverjük. Szendvicspár keksz (keksz) töltelékkel együtt. Olvasszuk fel a csokoládét egy hőálló edényben, enyhén forrásban lévő víz felett. A habcsók végét mártsuk a csokoládéba, és rácson hagyjuk kihűlni.

Spanyol mandulás és citromos habcsók

30-at tesz ki

150 g / 5 uncia / 1¼ csésze blansírozott mandula

2 tojásfehérje

½ citrom reszelt héja

200g/7oz/ kevés 1 csésze kristálycukor

10 ml/2 teáskanál citromlé

A mandulát előmelegített sütőben 150°C/300°F/gáz 2-es fokozaton kb. 30 perc alatt aranybarnára és aromásra pirítom. A dió egyharmadát durvára vágjuk, a többit pedig finomra daráljuk.

A tojásfehérjét kemény habbá verjük. Hozzákeverjük a citrom héját és a cukor kétharmadát. Adjuk hozzá a citromlevet, és verjük keményre és fényesre. Hozzákeverjük a maradék cukrot és az őrölt mandulát. Belekeverjük az apróra vágott mandulát. Kivajazott és fóliával bélelt tepsire kanalazzuk a habcsókot, és előmelegített sütőbe tesszük. Azonnal csökkentse a sütő hőmérsékletét 110°C/225°F/gázjelzés ¼-re, és kb. 1½ órán keresztül süssük, amíg meg nem száradnak.

Csokoládéval bevont habcsók

4-et tesz ki

2 tojásfehérje

100 g/4 oz/½ csésze kristálycukor

100 g/4 oz/1 csésze sima (félédes) csokoládé

150 ml/¼ pt/2/3 csésze dupla tejszín (nehéz), felvert

A tojásfehérjét egy tiszta, zsírmentes tálban verjük fel addig, amíg lágy csúcsok keletkeznek. Hozzáadjuk a cukor felét, és tovább verjük, amíg a keverék kemény nem lesz. Fémkanál segítségével óvatosan keverjük hozzá a maradék cukrot. Egy tepsit béleljünk ki sütőpapírral, és helyezzünk rá nyolc habcsókot. A habcsókokat a sütőben, a lehető legalacsonyabb hőmérsékleten 2-3 órán át szárítjuk. Hűtsük le rácson.

Olvasszuk fel a csokoládét egy hőálló edényben, amelyet enyhén forrásban lévő víz fölé állítottak. Hagyjuk kissé kihűlni. Óvatosan mártsuk bele a négy habcsókot a csokoládéba úgy, hogy a külső felületek befedjék. Zsíros (viaszos) papíron állni hagyjuk, amíg megkeményedik. Egy csokoládéval bevont habcsókot és egy sima habcsót kenjünk meg a tejszínnel, és ismételjük meg a többi habcsókkal.

Csokoládé mentás habcsók

18-at tesz ki

3 tojás fehérje

100 g/4 oz/½ csésze kristálycukor

75 g/3 oz/¾ csésze apróra vágott csokoládéval bevont menta

A tojásfehérjét kemény habbá verjük. Fokozatosan keverjük hozzá a cukrot, amíg a tojásfehérje kemény és fényes nem lesz. Hozzákeverjük az apróra vágott mentát. Csepegtess kis kanálnyi keveréket a kivajazott és kibélelt tepsire, és előmelegített sütőben 140°C/275°F/gáz 1-es fokozaton süsd fél órán keresztül, amíg megszárad.

Csokoládé chips és diós habcsók

12-t tesz ki

2 tojásfehérje

175 g/6 uncia/¾ csésze kristálycukor

50 g/2 uncia/½ csésze csokoládéforgács

25 g/1 uncia/¼ csésze dió, apróra vágva

Melegítsd elő a sütőt 190°C/375°F/gázjelzés 5-re. Verd fel a tojásfehérjét, amíg lágy csúcsok nem lesznek. Fokozatosan adjuk hozzá a cukrot, és addig verjük, amíg kemény csúcsokat nem kapunk. Hozzákeverjük a csokireszeléket és a diót. Csepegtessünk kanálnyi keveréket a kivajazott tepsire, és tegyük a sütőbe. Kapcsolja ki a sütőt, és hagyja kihűlni.

Mogyorós habcsók

12-t tesz ki

100 g/4 uncia/1 csésze mogyoró

2 tojásfehérje

100 g/4 oz/½ csésze kristálycukor

Néhány csepp vanília esszencia (kivonat)

Tartsunk fenn 12 diót a díszítéshez, a többit törjük össze. A tojásfehérjét kemény habbá verjük. Adjuk hozzá a cukor felét, és verjük tovább, amíg kemény csúcsot nem kapunk. Hozzákeverjük a maradék cukrot, a darált mogyorót és a vanília esszenciát. A keveréket 12 körbe kanalazzuk egy kivajazott és kibélelt tepsibe, és mindegyik tetejére helyezzük a diót. Előmelegített sütőben 130°C/250°F/gázjel ½ 2-3 órán keresztül ropogósra sütjük.

Habcsók réteges torta dióval

Egy 23 cm/9-es tortát készít

A tortához:

50 g/2 oz/¼ csésze vaj vagy margarin, lágyítva

150g/5oz/2/3 csésze kristálycukor

4 tojás, szétválasztva

100 g/4 uncia/1 csésze sima (univerzális) liszt

10 ml/2 tk sütőpor

Egy csipet só

60 ml/4 evőkanál tej

5 ml/1 teáskanál vanília esszencia (kivonat)

50 g/2 uncia/½ csésze pekándió, apróra vágva

A pudinghoz:

250 ml/8 fl oz/1 csésze tej

50 g/2 uncia/¼ csésze kristálycukor

50 g/2 uncia/½ csésze sima (univerzális) liszt

1 tojás

Egy csipet só

120 ml / 4 fl oz / ½ csésze dupla (nehéz) tejszín

A süteményt vajjal vagy margarinnal 100 g/½ csésze cukorral habosra verjük. A tojássárgáját fokozatosan habosra keverjük, majd a lisztet, a sütőport és a sót a tejjel és a vanília esszenciával felváltva keverjük hozzá. Két kivajazott és kibélelt 23 cm-es tortaformába kanalazzuk, a tetejét elsimítjuk. A tojásfehérjét kemény habbá verjük, a többi cukrot habbá verjük, majd ismét kemény habbá verjük. Rákenjük a torta keverékre, és megszórjuk dióval. 150°C-ra előmelegített sütőben 45 percig sütjük, amíg a habcsók meg nem szárad. Tegyük rácsra hűlni.

A pudingot úgy készítjük el, hogy kevés tejet a cukorral és a liszttel elkeverünk. A maradék tejet egy serpenyőben forrásig melegítjük, ráöntjük a cukorral, és addig keverjük, amíg a keverék el nem keveredik. A tejet visszaöntjük a kiöblített fazékba, és állandó kevergetés mellett felforraljuk, majd kevergetve addig főzzük, amíg besűrűsödik. Vegyük le a tűzről, és keverjük hozzá a tojást és a sót, majd hagyjuk kicsit kihűlni. A tejszínt kemény habbá verjük, majd a masszához keverjük. Hagyd hülni. A süteményeket megkenjük a pudinggal.

Mogyorós macaron szeletek

20-at tesz ki

175 g/6 uncia/1½ csésze mogyoró, héjastul

3 tojás fehérje

225 g/8 oz/1 csésze kristálycukor

5 ml/1 teáskanál vanília esszencia (kivonat)

5 ml/1 teáskanál őrölt fahéj

5 ml/1 teáskanál reszelt citromhéj

Rizspapír

12 mogyorót durvára vágunk, a többit pedig finomra daráljuk. A tojásfehérjét sápadt és habosra verjük. Fokozatosan adjuk hozzá a cukrot, és verjük tovább, amíg kemény csúcsokat nem kapunk. Keverjük hozzá a mogyorót, a vanília esszenciát, a fahéjat és a citromhéjat. A teáskanálnyi darabokat rizspapírral bélelt tepsire tesszük, és vékony csíkokra lapítjuk. Hagyjuk 1 órát dermedni. 180°C-ra előmelegített sütőben 4-es gázjelzéssel 12 percig sütjük, amíg megszilárdul.

Habcsók és diós réteg

Egy 25 cm/10-es tortát készít

100g/4oz/½ csésze vaj vagy margarin, lágyítva

400g/14oz/1¾ csésze kristálycukor

3 tojássárgája

100 g/4 uncia/1 csésze sima (univerzális) liszt

10 ml/2 tk sütőpor

120 ml/4 fl oz/½ csésze tej

100 g/4 oz/1 csésze dió

4 tojás fehérje

250 ml/8 fl oz/1 csésze dupla tejszín (nehéz).

5 ml/1 teáskanál vanília esszencia (kivonat)

Kakaópor (cukrozatlan csokoládé) a porozáshoz

A vajat vagy a margarint és a 75 g/¾ csésze cukrot habosra verjük. Fokozatosan belekeverjük a tojássárgáját, és a tejjel felváltva keverjük hozzá a lisztet és a sütőport. Két kivajazott és lisztezett 25 cm-es tortaformába kanalazzuk a masszát. Néhány fél diót tartsunk fenn a díszítéshez, a többit vágjuk apróra, és szórjuk a sütemények tetejére. A tojásfehérjét kemény habbá verjük, hozzáadjuk a többi cukrot, és ismét kemény habbá verjük. A süteményekre kenjük, és előmelegített sütőben 180°C/350°F/gázjelzés 4 25 percig sütjük. Fedjük le a süteményt zsíros (viaszos) papírral a főzés végén, ha a habcsók barnulni kezd. nagyon. A formákban hagyjuk kihűlni, majd fordítsuk meg a tortákat úgy, hogy a habcsók kerüljön a tetejére.

A tejszínt és a pudingot habosra verjük. Kenjük össze a tortákat, habcsókkal felfelé, a krém felét, a többit kenjük a tetejére. Fenntartott dióval díszítjük, és átszitált kakaóval megszórjuk.

Habcsók hegyek

6-ot tesz ki

2 tojásfehérje

100 g/4 oz/½ csésze kristálycukor

150 ml/¼ pt/2/3 csésze dupla (nehéz) tejszín

350 g/12 uncia eper, szeletelve

25 g/1 uncia/¼ csésze sima (félédes) csokoládé, reszelve

A tojásfehérjét kemény habbá verjük. Adjuk hozzá a cukor felét, és verjük sűrűre és fényesre. Keverjük hozzá a maradék cukrot. Sütőpapíron hat kört hengerelünk a habcsókból. 140°C-ra előmelegített sütőben 45 perc alatt világos aranybarnára és ropogósra sütjük. A belseje elég puha marad. Levesszük a tányérról, és rácson hűtjük.

A tejszínt kemény habbá verjük. A krém felét a habcsókra csorgatjuk vagy kanalazzuk, hozzáadjuk a gyümölcsöt, majd a maradék krémmel díszítjük. A tetejére reszelt csokoládét szórunk.

Málnakrémes Habcsók

Ajánlatok 6

2 tojásfehérje

100 g/4 oz/½ csésze kristálycukor

150 ml/¼ pt/2/3 csésze dupla (nehéz) tejszín

30 ml/2 ek (cukrász) porcukor

225 g/8 uncia málna

A tojásfehérjét egy tiszta, zsírmentes tálban verjük fel addig, amíg lágy csúcsok keletkeznek. Hozzáadjuk a cukor felét, és tovább verjük, amíg a keverék kemény nem lesz. Fémkanállal enyhén hozzáadjuk a maradék cukrot. Egy tepsit béleljünk ki sütőpapírral, és öntsünk a tepsire kis habcsókokat. Szárítsa a habcsókat a sütőben a lehető legalacsonyabb hőmérsékleten 2 órán át. Hűtsük le rácson.

A tejszínt a porcukorral kemény habbá verjük, és belekeverjük a málnát. Használja a habcsók párok egymásba rétegzésére, és egy tálra halmozzuk őket.

Ratafia sütemények

16-os lesz

3 tojás fehérje

100 g/4 oz/1 csésze őrölt mandula

225 g/8 oz/1 csésze kristálycukor

A tojásfehérjét kemény habbá verjük. Hozzákeverjük a mandulát és a cukor felét, majd ismét kemény habbá verjük. Keverjük hozzá a maradék cukrot. A kis gömböket kivajazott és kibélelt tepsire tesszük, és előmelegített sütőben 150°C/gáz 2-es fokozaton 50 percig sütjük, amíg a széle megszárad és ropogós lesz.

Caramel Vacherin

Egy 23 cm/9-es tortát készít

4 tojás fehérje

225 g/8 uncia/1 csésze puha barna cukor

50 g darált mogyoró

300 ml/½ pt/1¼ csésze dupla (nehéz) tejszín

Néhány egész mogyoró a díszítéshez

Verjük fel a tojásfehérjét lágy habbá. Fokozatosan keverjük hozzá a cukrot, amíg kemény és fényes nem lesz. Kanalazza a habcsókot egy szabványos 1 cm/½ fúvókával (véggel) ellátott csőzsákba, és pipálja két 23 cm/9-es csavart habcsókot egy kivajazott és kibélelt tepsire. Megszórjuk 15 ml/1 evőkanál apróra vágott dióval, és előmelegített sütőben 120°C/250°F/gáznyom ½ 2 órán keresztül ropogósra sütjük. Tegyük rácsra hűlni.

A tejszínt kemény habbá verjük, majd hozzáadjuk a többi diót. A krém nagy részével kenjük össze a habcsók köröket, majd díszítsük a maradék krémmel és szórjuk meg egész mogyoróval.

Egyszerű pogácsa

10-et tesz ki

225 g/8 uncia/2 csésze sima (univerzális) liszt

Egy csipet só

2,5 ml/½ teáskanál szódabikarbóna (szódabikarbóna)

5 ml/1 teáskanál tartár

50 g/2 oz/¼ csésze vaj vagy margarin, kockára vágva

30 ml/2 evőkanál tej

30 ml/2 evőkanál víz

Keverjük össze a lisztet, a sót, a szódabikarbónát és a tartárt. Dörzsöld be vajjal vagy margarinnal. Lassan adjuk hozzá a tejet és a vizet, amíg lágy tésztát nem kapunk. Lisztezett felületen gyorsan simára gyúrjuk, majd 1 cm/½ vastagságúra kinyújtjuk, és pogácsaszaggatóval 5 cm-es köröket vágunk. Helyezze a pogácsákat (kekszeket) kivajazott tepsire, és előmelegített sütőben 230°C-on süsse kb. 10 percig, amíg jól megkel és aranybarna lesz.

Gazdag tojásos pogácsa

12-t tesz ki

50 g/2 uncia/¼ csésze vaj vagy margarin

225 g/8 oz/2 csésze magától kelő (magán kelő) liszt

10 ml/2 tk sütőpor

25 g/1 uncia/2 evőkanál kristálycukor

1 tojás, enyhén felverve

100 ml/3½ fl oz/6½ evőkanál tej

A vajat vagy a margarint elmorzsoljuk a liszttel és a sütőporral. Keverjük bele a cukrot. Addig keverjük a tojással és a tejjel, amíg lágy tésztát nem kapunk. Enyhén lisztezett felületen összegyúrjuk, majd kb. 1 cm/½ vastagságúra kinyújtjuk, és pogácsaszaggatóval 5 cm-es körökre vágjuk. Tekerje újra a klipeket, és vágja ki őket. Helyezze a pogácsákat (kekszet) kivajazott tepsire, és előmelegített sütőben, 230°C/450°F/gázjelzés 8-as sütőben süsse 10 percig, vagy amíg aranybarna nem lesz.

Almás pogácsa

12-t tesz ki

225 g/8 uncia/2 csésze teljes kiőrlésű búzaliszt

20 ml/1½ evőkanál sütőpor

Egy csipet só

50 g/2 uncia/¼ csésze vaj vagy margarin

30 ml/2 evőkanál reszelt főzőalma

1 tojás, felvert

150 ml/¼ pt/2/3 csésze tej

Keverjük össze a lisztet, a sütőport és a sót. Dörzsöljük bele a vajat vagy a margarint, majd keverjük hozzá az almát. Fokozatosan keverjük hozzá annyi tojást és tejet, hogy lágy tésztát kapjunk. Enyhén lisztezett felületen kb. 5 cm/2 vastagságúra kinyújtjuk, és pogácsaszaggatóval kör alakúra vágjuk. A pogácsákat (kekszet) kivajazott tepsire tesszük és megkenjük a maradék tojással. 200°C-ra előmelegített sütőben 12 perc alatt világosbarnára sütjük.

Almás és kókuszos kenyér

12-t tesz ki

50 g/2 uncia/¼ csésze vaj vagy margarin

225 g/8 oz/2 csésze magától kelő (magán kelő) liszt

25 g/1 uncia/2 evőkanál kristálycukor

30 ml/2 evőkanál szárított (reszelt) kókusz

1 étkezési (desszert) alma meghámozva, kimagozva és apróra vágva

150 ml/¼ pt/2/3 csésze natúr joghurt

30 ml/2 evőkanál tej

Dörzsölje bele a vajat vagy a margarint a lisztbe. Hozzákeverjük a cukrot, a kókuszt és az almát, a joghurtot pedig lágy tésztává keverjük, ha szükséges, adjunk hozzá egy kis tejet. Enyhén lisztezett felületen kb. 2,5 cm/1 vastagságúra kinyújtjuk, és pogácsaszaggatóval kör alakúra vágjuk. A pogácsákat (kekszet) kivajazott tepsire tesszük, és előmelegített sütőben 220°C-on 10-15 perc alatt szép aranybarnára sütjük.

Almás és datolya kenyerek

12-t tesz ki

50 g/2 uncia/¼ csésze vaj vagy margarin

225 g/8 uncia/2 csésze sima (univerzális) liszt

5 ml/1 tk vegyes (almás pite) fűszer

5 ml/1 teáskanál tartár

2,5 ml/½ teáskanál szódabikarbóna (szódabikarbóna)

25 g/1 uncia/2 evőkanál puha barna cukor

1 kis főzőtojás (torta), meghámozva, kivágva és feldarabolva

50 g/2 oz/1/3 csésze kimagozott (kimagozott) datolya, apróra vágva

45 ml/3 evőkanál tej

Dörzsölje el a vajat vagy a margarint a liszttel, a fűszerkeverékkel, a tartárkrémmel és a szódabikarbónával. Hozzákeverjük a cukrot, az almát és a datolyát, majd hozzáadjuk a tejet és lágy tésztává keverjük. Enyhén átgyúrjuk, majd lisztezett felületen 2,5 cm/1 vastagságúra kinyújtjuk, és pogácsaszaggatóval kör alakúra vágjuk. Helyezze a pogácsákat (kekszet) kivajazott tepsire, és 220°C-ra előmelegített sütőben süsse 12 percig, amíg megkel és aranybarna nem lesz.

Árpa darabok

12-t tesz ki

175 g/6 uncia/1½ csésze árpaliszt

50 g/2 uncia/½ csésze sima (univerzális) liszt

Egy csipet só

2,5 ml/½ teáskanál szódabikarbóna (szódabikarbóna)

2,5 ml/½ teáskanál tartár

25g/1oz/2 evőkanál vaj vagy margarin

25 g/1 uncia/2 evőkanál puha barna cukor

100 ml/3½ fl oz/6½ evőkanál tej

Tojássárgája a fagyáshoz

Keverjük össze a lisztet, a sót, a szódabikarbónát és a tartárt. Dörzsölje bele a vajat vagy a margarint, amíg a keverék zsemlemorzsához nem hasonlít, majd keverje hozzá a cukrot és annyi tejet, hogy lágy tésztát kapjon. Enyhén lisztezett felületen 2 cm/¾ vastagságúra kinyújtjuk, és pogácsaszaggatóval kör alakúra kiszaggatjuk. A pogácsákat (kekszet) kivajazott tepsire tesszük és megkenjük tojássárgájával. 220°C-ra előmelegített sütőben 10 perc alatt aranybarnára sütjük.

Datolyás pogácsa

12-t tesz ki

225 g/8 uncia/2 csésze teljes kiőrlésű búzaliszt

2,5 ml/½ teáskanál szódabikarbóna (szódabikarbóna)

2,5 ml/½ teáskanál tartár

2,5 ml/½ teáskanál só

40 g/1½ oz/3 evőkanál vaj vagy margarin

15 ml/1 evőkanál finom cukor

100 g/4 oz/2/3 csésze kimagozott (magozott) datolya, apróra vágva

Körülbelül 100 ml/3½ fl oz/6½ evőkanál író

Keverjük össze a lisztet, a szódabikarbónát, a tartárkrémet és a sót. Dörzsöld bele a vajat vagy a margarint, majd keverd hozzá a cukrot és a datolyát, és készíts mélyedést a közepébe. Fokozatosan keverj hozzá annyi írót, hogy közepesen lágy tésztát kapj. Sűrűn kinyújtjuk és háromszögekre vágjuk. Helyezze a pogácsákat (kekszeket) kivajazott tepsire, és 230°C-ra előmelegített sütőben süsse 20 perc alatt aranybarnára.

Herby Scones

8-at tesz ki

175 g/6 uncia/¾ csésze vaj vagy margarin

225g/8oz/2 csésze erős sima (kenyér)liszt

15 ml/1 teáskanál sütőpor

Egy csipet só

5 ml/1 teáskanál puha barna cukor

30 ml/2 evőkanál szárított fűszernövények

60 ml/4 evőkanál tej vagy víz

Tej fogmosáshoz

Dörzsölje el a vajat vagy a margarint a liszttel, a sütőporral és a sóval, amíg a keverék zsemlemorzsára nem hasonlít. Keverjük hozzá a cukrot és a fűszernövényeket. Adjunk hozzá annyi tejet vagy vizet, hogy lágy tésztát kapjunk. Enyhén lisztezett felületen kb. 2 cm/¾ vastagságúra kinyújtjuk, és pogácsaszaggatóval kör alakúra vágjuk. A pogácsákat (kekszet) kivajazott tepsire tesszük, a felületüket megkenjük tejjel. 200°C-ra előmelegített sütőben 10 percig sütjük, amíg szép megkel és aranybarna nem lesz.

Müzli kenyér

8 éket alkot

100 g/4 oz/1 csésze müzli

150 ml/¼ pt/2/3 csésze víz

50 g/2 uncia/¼ csésze vaj vagy margarin

100 g/4 uncia/1 csésze sima (normál) vagy teljes kiőrlésű (teljes kiőrlésű) liszt

10 ml/2 tk sütőpor

50 g/2 uncia/1/3 csésze mazsola

1 tojás, felvert

Áztasd a müzlit vízbe 30 percre. A vajat vagy a margarint a liszttel és a sütőporral eldörzsöljük, amíg zsemlemorzsa nem lesz, belekeverjük a mazsolát és az áztatott müzlit, majd lágy tésztává keverjük. 20 cm/8-as kört formázunk, és kivajazott tepsibe simítjuk. Részben nyolc részre vágjuk, és megkenjük tojással. 230°C-ra előmelegített sütőben, 8-as gázjelzéssel kb. 20 perc alatt aranybarnára sütjük.

Narancs és mazsola darabok

12-t tesz ki

50 g/2 uncia/¼ csésze vaj vagy margarin

225 g/8 uncia/2 csésze sima (univerzális) liszt

2,5 ml/½ teáskanál szódabikarbóna (szódabikarbóna)

100 g/4 uncia/2/3 csésze mazsola

5 ml/1 teáskanál reszelt narancshéj

60 ml/4 evőkanál narancslé

60 ml/4 evőkanál tej

Tej a fagyáshoz

A vajat vagy a margarint eldörzsöljük a liszttel és a szódabikarbónával, majd hozzákeverjük a mazsolát és a narancshéjat. A narancslevet és a tejet lágy tésztává keverjük. Enyhén lisztezett felületen kb. 2,5 cm/1 vastagságúra kinyújtjuk, és pogácsaszaggatóval kör alakúra vágjuk. A pogácsákat (kekszet) kivajazott tepsire tesszük, a felületüket megkenjük tejjel. 200°C-ra előmelegített sütőben 15 perc alatt világosbarnára sütjük.

Körte pogácsa

12-t tesz ki

50 g/2 uncia/¼ csésze vaj vagy margarin

225 g/8 oz/2 csésze magától kelő (magán kelő) liszt

25 g/1 uncia/2 evőkanál kristálycukor

1 kemény körte, meghámozva, kimagozva és apróra vágva

150 ml/¼ pt/2/3 csésze natúr joghurt

30 ml/2 evőkanál tej

Dörzsölje bele a vajat vagy a margarint a lisztbe. Hozzákeverjük a cukrot és a körtét, majd a joghurtot lágy tésztává keverjük, ha szükséges kevés tejet adunk hozzá. Enyhén lisztezett felületen kb. 2,5 cm/1 vastagságúra kinyújtjuk, és pogácsaszaggatóval kör alakúra vágjuk. A pogácsákat (kekszeket) kivajazott tepsire tesszük, és előmelegített sütőben 230°C-on 10-15 perc alatt szép aranybarnára sütjük.

Burgonya pogácsa

12-t tesz ki

50 g/2 uncia/¼ csésze vaj vagy margarin

225 g/8 oz/2 csésze magától kelő (magán kelő) liszt

Egy csipet só

175 g/6 uncia/¾ csésze főtt burgonyapüré

60 ml/4 evőkanál tej

Dörzsölje el a vajat vagy a margarint a liszttel és a sóval.
Hozzákeverjük a burgonyapürét és annyi tejet, hogy lágy tésztát
kapjunk. Enyhén lisztezett felületen kb. 2,5 cm/1 vastagságúra
kinyújtjuk, és pogácsaszaggatóval kör alakúra vágjuk. A
pogácsákat (kekszet) enyhén kivajazott tepsire helyezzük, és
200°C-ra előmelegített sütőben 15-20 perc alatt világos
aranybarnára sütjük.

Mazsola pogácsa

12-t tesz ki

75 g/3 uncia/½ csésze mazsola

225 g/8 uncia/2 csésze sima (univerzális) liszt

2,5 ml/½ teáskanál só

15 ml/1 evőkanál sütőpor

25 g/1 uncia/2 evőkanál kristálycukor

50 g/2 uncia/¼ csésze vaj vagy margarin

120 ml/4 fl oz/½ csésze egyszínű krém (könnyű).

1 tojás, felvert

Áztassuk a mazsolát forró vízbe 30 percre, majd csepegtessük le. A száraz hozzávalókat összekeverjük, és belemorzsoljuk a vajat vagy a margarint. A tejszínt és a tojást lágy tésztává keverjük. Három golyóra osztjuk, kb. 1 cm/½ vastagságúra kinyújtjuk, és kivajazott tepsire tesszük. Mindegyiket negyedekre vágjuk. Süssük a pogácsákat (kekszet) 230°C-ra előmelegített sütőben körülbelül 10 percig, amíg aranybarnák nem lesznek.

Melaszpogácsa

10-et tesz ki

225 g/8 uncia/2 csésze sima (univerzális) liszt

10 ml/2 tk sütőpor

2,5 ml/½ teáskanál őrölt fahéj

50 g/2 oz/¼ csésze vaj vagy margarin, kockára vágva

25 g/1 uncia/2 evőkanál kristálycukor

30 ml/2 evőkanál fekete szirup (melasz)

150 ml/¼ pt/2/3 csésze tej

Keverjük össze a lisztet, a sütőport és a fahéjat. Dörzsöljük bele a vajat vagy a margarint, majd keverjük hozzá a cukrot, a szirupot és annyi tejet, hogy lágy tésztát kapjunk. Nyújtsuk ki 1 cm/½ vastag korongot, és vágjuk 5 cm-es körökre pogácsaszaggatóval. Helyezze a pogácsákat (kekszet) kivajazott tepsire, és 220°C-ra előmelegített sütőben süsse 10-15 percig, amíg jól megkel és aranybarna nem lesz.

Melaszhal és gyömbér pogácsa

12-t tesz ki

400 g/14 uncia/3½ csésze sima (univerzális) liszt

50 g/2 uncia/½ csésze rizsliszt

5 ml/1 teáskanál szódabikarbóna (szódabikarbóna)

2,5 ml/½ teáskanál tartár

10 ml/2 teáskanál őrölt gyömbér

2,5 ml/½ teáskanál só

10 ml/2 teáskanál finomra eloszlatott cukor

50 g/2 uncia/¼ csésze vaj vagy margarin

30 ml/2 evőkanál fekete szirup (melasz)

300 ml/½ pt/1¼ csésze tej

Keverjük össze a száraz hozzávalókat. Dörzsölje be vajjal vagy margarinnal, amíg a keverék zsemlemorzsára nem hasonlít. Hozzákeverjük a szirupot és annyi tejet, hogy lágy, de nem ragadós tésztát kapjunk. Enyhén lisztezett felületen óvatosan összegyúrjuk, kinyújtjuk és 7,5 cm-es pogácsaszaggatókra vágjuk. A pogácsákat (kekszet) kivajazott tepsire tesszük és megkenjük a maradék tejjel. 220°C-ra előmelegített sütőben 15 percig sütjük, amíg megkel és aranybarna nem lesz.

Szultána pogácsa

12-t tesz ki

225 g/8 uncia/2 csésze sima (univerzális) liszt

Egy csipet só

2,5 ml/½ teáskanál szódabikarbóna (szódabikarbóna)

2,5 ml/½ teáskanál tartár

50 g/2 uncia/¼ csésze vaj vagy margarin

25 g/1 uncia/2 evőkanál kristálycukor

50 g/2 uncia/1/3 csésze szultána (arany mazsola)

7,5 ml/½ evőkanál citromlé

150 ml/¼ pt/2/3 csésze tej

Keverjük össze a lisztet, a sót, a szódavizet és a tartárt. Dörzsölje
be vajjal vagy margarinnal, amíg a keverék zsemlemorzsára nem
hasonlít. Keverjük hozzá a cukrot és a szultánt. A citromlevet a
tejhez keverjük, majd fokozatosan a száraz hozzávalókhoz
keverjük, amíg a tészta meg nem puhul. Enyhén összegyúrjuk,
majd kinyújtjuk kb. 1 cm/½ vastagságúra, és pogácsaszaggatóval 5
cm-es körökre vágjuk. Helyezze a pogácsákat (kekszet) kivajazott
tepsire, és 230°C-ra előmelegített sütőben süsse kb. 10 percig,
amíg jól megkel és aranybarna nem lesz.

Teljes kiőrlésű kenyér sziruppal

12-t tesz ki

100 g/4 oz/1 csésze teljes kiőrlésű búzaliszt

100 g/4 uncia/1 csésze sima (univerzális) liszt

25 g/1 uncia/2 evőkanál kristálycukor

2,5 ml/½ teáskanál tartár

2,5 ml/½ teáskanál szódabikarbóna (szódabikarbóna)

5 ml/1 tk vegyes (almás pite) fűszer

50 g/2 uncia/¼ csésze vaj vagy margarin

30 ml/2 evőkanál fekete szirup (melasz)

100 ml/3½ fl oz/6½ evőkanál tej

A száraz hozzávalókat összekeverjük, és belemorzsoljuk a vajat vagy a margarint. A szirupot felforrósítjuk, és addig keverjük a hozzávalókhoz, amíg a tej lágy tésztát nem kap. Enyhén lisztezett felületen 1 cm/½ vastagságúra kinyújtjuk, és pogácsaszaggatóval kör alakúra vágjuk. A pogácsákat (kekszet) kivajazott és lisztezett tepsire tesszük és megkenjük tejjel. Előmelegített sütőben 190°C/375°F/gázjelzés 5 20 percig sütjük.

Joghurt darabokra

12-t tesz ki

200 g/7 uncia/1¾ csésze sima (univerzális) liszt

25 g/1 uncia/¼ csésze rizsliszt

10 ml/2 tk sütőpor

Egy csipet só

15 ml/1 evőkanál finom cukor

50 g/2 uncia/¼ csésze vaj vagy margarin

150 ml/¼ pt/2/3 csésze natúr joghurt

Keverjük össze a lisztet, a sütőport, a sót és a cukrot. Dörzsölje be vajjal vagy margarinnal, amíg a keverék zsemlemorzsára nem hasonlít. Keverjük hozzá a joghurtot, hogy lágy, de nem ragadós tésztát kapjunk. Lisztezett felületen kinyújtjuk kb. 2 cm/¾ vastagságúra, és pogácsaszaggatóval 5 cm-es köröket vágunk. Kivajazott tepsire tesszük, és előmelegített sütőben 200°C-on, 6-os gázjelzéssel kb. 15 percig sütjük, amíg jól megkel és aranybarna nem lesz.

Sajt darabkák

12-t tesz ki

225 g/8 uncia/2 csésze sima (univerzális) liszt

2,5 ml/½ teáskanál só

15 ml/1 evőkanál sütőpor

50 g/2 uncia/¼ csésze vaj vagy margarin

100 g/4 uncia/1 csésze cheddar sajt, reszelve

150 ml/¼ pt/2/3 csésze tej

Keverjük össze a lisztet, a sót és a sütőport. Dörzsölje be vajjal vagy margarinnal, amíg a keverék zsemlemorzsára nem hasonlít. Belekeverjük a sajtot. Fokozatosan hozzákeverjük a tejet, hogy lágy tésztát kapjunk. Enyhén összegyúrjuk, majd kinyújtjuk kb. 1 cm/½ vastagságúra, és pogácsaszaggatóval 5 cm-es körökre vágjuk. Helyezze a pogácsákat (kekszet) kivajazott tepsire, és 220°C-ra előmelegített sütőben süsse 12-15 percig, amíg jól megkel és aranybarna nem lesz. Melegen vagy hidegen tálaljuk.

Teljes kiőrlésű gyógynövényes pogácsa

12-t tesz ki

100g/4oz/½ csésze vaj vagy margarin

175 g/6 uncia/1¼ csésze teljes kiőrlésű búzaliszt

50 g/2 uncia/½ csésze sima (univerzális) liszt

10 ml/2 tk sütőpor

30 ml/2 evőkanál apróra vágott friss zsálya vagy kakukkfű

150 ml/¼ pt/2/3 csésze tej

Dörzsölje el a vajat vagy a margarint a liszttel és a sütőporral, amíg a keverék zsemlemorzsára nem hasonlít. Keverjük hozzá a fűszernövényeket és annyi tejet, hogy lágy tésztát kapjunk. Enyhén összegyúrjuk, majd kinyújtjuk kb. 1 cm/½ vastagságúra, és pogácsaszaggatóval 5 cm-es körökre vágjuk. A pogácsákat (kekszet) kivajazott tepsire tesszük, a felületüket megkenjük tejjel. 220°C-ra előmelegített sütőben 10 percig sütjük, amíg megkel és aranybarna nem lesz.

Szalámis és sajtos pipák

Ajánlatok 4

50 g/2 uncia/¼ csésze vaj vagy margarin

225 g/8 oz/2 csésze magától kelő (magán kelő) liszt

Egy csipet só

50 g/2 uncia szalámi, apróra vágva

75 g/3 uncia/¾ csésze reszelt cheddar sajt

75 ml/5 evőkanál tej

Dörzsölje el a vajat vagy a margarint a liszttel és sóval, amíg a keverék zsemlemorzsa nem lesz. Belekeverjük a szalámit és a sajtot, majd hozzáadjuk a tejet és lágy tésztává keverjük. Formázzunk 20 cm/8-as kört, és kissé lapítsuk el. Helyezze a pogácsákat (kekszet) kivajazott tepsire, és 220°C-ra előmelegített sütőben süsse 15 perc alatt aranybarnára.

Teljes kiőrlésű pogácsa

12-t tesz ki

175 g/6 uncia/1½ csésze teljes kiőrlésű búzaliszt

50 g/2 uncia/½ csésze sima (univerzális) liszt

15 ml/1 evőkanál sütőpor

Egy csipet só

50 g/2 uncia/¼ csésze vaj vagy margarin

50 g/2 uncia/¼ csésze kristálycukor

150 ml/¼ pt/2/3 csésze tej

Keverjük össze a lisztet, a sütőport és a sót. Dörzsölje be vajjal vagy margarinnal, amíg a keverék zsemlemorzsára nem hasonlít. Keverjük bele a cukrot. Fokozatosan hozzákeverjük a tejet, hogy lágy tésztát kapjunk. Enyhén összegyúrjuk, majd kinyújtjuk kb. 1 cm/½ vastagságúra, és pogácsaszaggatóval 5 cm-es körökre vágjuk. Helyezze a pogácsákat (kekszet) kivajazott tepsire, és előmelegített sütőben 230°C/450°F/gázjelzés 8 kb. 15 percig süsse, amíg megkelnek és aranybarnák lesznek. Melegen tálaljuk.

Barbadosi Conkies

12-t tesz ki

350g/12oz tök, reszelve

225g/8oz édesburgonya, reszelve

1 nagy kókuszdió, reszelve vagy 225 g/8 uncia 2 csésze szárított (reszelt) kókuszdió

350 g/12 uncia/1½ csésze puha barna cukor

5 ml/1 tk őrölt (almás pite) fűszer

5 ml/1 teáskanál reszelt szerecsendió

5 ml/1 teáskanál só

5 ml/1 teáskanál mandula esszencia (kivonat)

100 g/4 uncia/2/3 csésze mazsola

350 g/12 uncia/3 csésze kukoricaliszt

100 g/4 oz/1 csésze magától kelő (magán kelő) liszt

175 g/6 oz/¾ csésze vaj vagy margarin, olvasztott

300 ml/½ pt/1¼ csésze tej

Keverjük össze a sütőtököt, az édesburgonyát és a kókuszt. Keverjük össze a cukrot, a fűszereket, a sót és a mandula esszenciát. Adjuk hozzá a mazsolát, a kukoricalisztet és a lisztet, és jól keverjük össze. Az olvasztott vajat vagy margarint elkeverjük a tejjel, és a száraz hozzávalókhoz keverjük, amíg jól össze nem áll. Kb. 60 ml/4 evőkanál keveréket tegyünk a fóliába, ügyeljünk, hogy ne töltsük túl. Hajtsa be a fóliát egy csomagba úgy, hogy szépen be legyen csomagolva, és a keverék ne kerüljön ki. Ismételje meg a keveréket a többivel. Pároljuk rácson, forrásban lévő víz felett a kontyokat körülbelül 1 órán keresztül, amíg megszilárdulnak és megfőnek. Melegen vagy hidegen tálaljuk.

Rántott karácsonyi süti

40-et tesz ki

50 g/2 uncia/¼ csésze vaj vagy margarin

100 g/4 uncia/1 csésze sima (univerzális) liszt

2,5 ml/½ teáskanál őrölt kardamom

25 g/1 uncia/2 evőkanál kristálycukor

15 ml/1 evőkanál dupla (nehéz) tejszín

5 ml/1 teáskanál pálinka

1 kis tojás, felverve

Olaj a rántáshoz

Porcukor (cukrászdák) porozáshoz

Dörzsölje bele a vajat vagy a margarint a lisztbe és a kardamomba, amíg a keverék zsemlemorzsára nem hasonlít. Hozzákeverjük a cukrot, majd hozzáadjuk a tejszínt és a konyakot és annyi tojást, hogy a masszát elég kemény legyen. Lefedjük és 1 órát hideg helyen kelesztjük.

Enyhén lisztezett deszkán 5 mm/¼ vastagságúra kinyújtjuk, és kenyérsütőgéppel 10 x 2,5 cm-es csíkokra vágjuk. Éles késsel vágjon rést minden csík közepén. Húzza át a szalag másik végét a résen, hogy fél masnit készítsen. A kekszet (kekszet) adagonként a forró olajban sütjük körülbelül 4 percig, amíg aranybarnák és puffadt nem lesznek. Papírtörlővel (papírtörlővel) lecsepegtetjük, és porcukorral megszórva tálaljuk.

Kukoricalisztes sütemények

12-t tesz ki

100 g/4 oz/1 csésze magától kelő (magán kelő) liszt

100 g/4 uncia/1 csésze kukoricadara

5 ml/1 teáskanál sütőpor

15 g/½ oz/1 evőkanál kristálycukor

2 tojás

375 ml/13 fl uncia/1½ csésze tej

60 ml/4 evőkanál olaj

Olaj sekély sütéshez

A száraz hozzávalókat összekeverjük, és mélyedést készítünk a közepébe. A tojást, a tejet és a kimért olajat habosra keverjük, majd a száraz hozzávalókhoz keverjük. Egy nagy serpenyőben kevés olajat hevítünk, és addig sütjük (sütjük) 60 ml/4 evőkanál tésztát, amíg buborékok nem jelennek meg a felületén. Fordítsd meg és pirítsd meg a másik oldalon. Vegyük ki a tepsiből, és tartsuk melegen, amíg folytatjuk a maradék tésztával. Melegen tálaljuk.

Crumpets

8-at tesz ki

15 g/½ uncia friss élesztő vagy 20 ml/4 teáskanál száraz élesztő

5 ml/1 teáskanál finom cukor

300 ml/½ pt/1¼ csésze tej

1 tojás

250 g/9 uncia/2¼ csésze sima (univerzális) liszt

5 ml/1 teáskanál só

Olaj kenéshez

Az élesztőt és a cukrot kevés tejjel habosra keverjük, majd a többi tejet és a tojást elkeverjük. A folyadékot elkeverjük a liszttel és a sóval, és krémes, sűrű tésztává keverjük. Letakarjuk és meleg helyen 30 percig kelesztjük, amíg a duplájára nő. Melegítsen fel egy rácsot vagy egy nehéz serpenyőt (serpenyőt), és enyhén kenje meg. Helyezze egy 7,5 cm/3-as tepsire. (Ha nincs sütőkarikánk, óvatosan vágja le egy kis serpenyő tetejét és alját.) Öntsön poharakat a keverékből, és süsse kb. 5 percig, amíg az alja megbarnul, a teteje pedig megsül. Ismételje meg a keveréket a többivel. Sülten tálaljuk.

Fánk

16-os lesz

300 ml/½ pt/1¼ csésze meleg tej

15 ml/1 evőkanál száraz élesztő

175 g/6 uncia/¾ csésze kristálycukor

450 g/1 font/4 csésze erős sima (kenyér)liszt

5 ml/1 teáskanál só

50 g/2 uncia/¼ csésze vaj vagy margarin

1 tojás, felvert

Olaj a rántáshoz

5 ml/1 teáskanál őrölt fahéj

Keverje össze a meleg tejet, az élesztőt, 5 ml/1 teáskanál cukrot és 100 g/4 oz/1 csésze lisztet. Hagyja meleg helyen 20 percig, amíg habos nem lesz. Keverje össze a maradék lisztet, 50 g cukrot és sót egy tálban, majd dörzsölje bele a vajat vagy a margarint, amíg a keverék zsemlemorzsára nem hasonlít. Hozzákeverjük a tojás és az élesztő keveréket, és nagyon sima tésztává gyúrjuk. Lefedjük és 1 órát meleg helyen kelesztjük. Ismét összegyúrjuk, és 2 cm/½ vastag koronggá nyújtjuk. Vágja karikákra 8 cm/3-as szaggatóval, és vágja ki a közepét egy 4 cm/1½-es vágóval.

Kiolajozott tepsire tesszük, és 20 percig kelesztjük. Az olajat szinte füstölni hevítjük, majd a fánkokat néhány perc alatt aranybarnára sütjük. Jól lecsepegtetjük. A maradék cukrot és a fahéjat tegyük egy zacskóba, és rázzuk bele a fánkokat a zacskóba, amíg jól be nem vonódik.

Burgonya fánk

24-es lesz

15 ml/1 evőkanál száraz élesztő

60 ml/4 evőkanál meleg víz

25 g/1 uncia/2 evőkanál kristálycukor

25 g/1 uncia/2 evőkanál szilava (rövidített)

1,5 ml/¼ teáskanál só

75 g/3 uncia/1/3 csésze burgonyapüré

1 tojás, felvert

120 ml/4 fl oz/½ csésze tej, főtt

300g/10oz/2½ csésze erős sima (kenyér)liszt

Olaj a rántáshoz

Granulált cukor a szóráshoz

Az élesztőt meleg vízben egy teáskanál cukorral feloldjuk, és felfuttatjuk. Keverjük össze a zsírt, a maradék cukrot és a sót. Hozzákeverjük a burgonyát, az élesztős keveréket, a tojást és a tejet, majd fokozatosan hozzáadjuk a lisztet és sima tésztává keverjük. Lisztezett felületre borítjuk és jól összegyúrjuk. Kiolajozott tálba tesszük, fóliával (műanyag fóliával) letakarjuk, és körülbelül 1 órán át meleg helyen kelesztjük, amíg a duplájára nem nő.

Újra gyúrjuk, majd 1 cm/½ vastagságúra kinyújtjuk. 8 cm/3-as szaggatóval karikákra vágjuk, majd 4 cm/1½-es kiszúróval vágjuk ki a közepét, hogy fánkformákat készítsünk. Hagyjuk duplájára kelni. Az olajat felforrósítjuk, és a fánkokat aranybarnára sütjük. A tetejére cukrot szórunk, és hagyjuk kihűlni.

Naan kenyér

6-ot tesz ki

2,5 ml/½ teáskanál száraz élesztő

60 ml/4 evőkanál meleg víz

350 g/12 uncia/3 csésze sima (univerzális) liszt

10 ml/2 tk sütőpor

Egy csipet só

150 ml/¼ pt/2/3 csésze natúr joghurt

Olvadt vaj ecsetelésre

Az élesztőt és a meleg vizet összekeverjük, és meleg helyen 10 percig kelesztjük, amíg fel nem habzik. Az élesztős keveréket elkeverjük a liszttel, a sütőporral és a sóval, majd a joghurthoz keverjük, hogy lágy tésztát kapjunk. Addig gyúrjuk, amíg már nem ragad. Olajozott tálba tesszük, letakarjuk és 8 órán keresztül kelesztjük.

Osszuk a tésztát hat részre, és nyújtsunk körülbelül 5 mm/¼ vastag ovális formákra. Kivajazott tepsire tesszük és megkenjük olvasztott vajjal. Grill (sütjük) közepes lángon (broiler) körülbelül 5 percig, amíg enyhén felfújódik, majd fordítsa meg, és kivajazza a másik oldalát, és grillezze további 3 percig, amíg enyhén megpirul.

Zab Bannocks

4-et tesz ki

100 g/4 uncia/1 csésze közepes zabpehely

2,5 ml/½ teáskanál só

egy csipet szódabikarbóna (szódabikarbóna)

10 ml/2 teáskanál olaj

60 ml/4 teáskanál forró víz

Egy tálban összekeverjük a száraz hozzávalókat, és mélyedést készítünk a közepébe. Hozzákeverjük az olajat és annyi vizet, hogy kemény tésztát kapjunk. Enyhén lisztezett felületre borítjuk, és simára gyúrjuk. Kb. 5 mm/¼ vastag koronggá nyújtjuk, a széleit elsimítjuk, és negyedekre vágjuk. Melegítsünk fel egy serpenyőt vagy egy vastag serpenyőt, és süssük (sütjük) a bannockokat körülbelül 20 percig, amíg a sarkok el nem kezdenek felkunkorodni. Megfordítjuk, és a másik oldalát is 6 percig sütjük.

Pikelets

8-at tesz ki

10 ml/2 tk friss élesztő vagy 5 ml/1 tk száraz élesztő

5 ml/1 teáskanál finom cukor

300 ml/½ pt/1¼ csésze tej

1 tojás

225 g/8 uncia/2 csésze sima (univerzális) liszt

5 ml/1 teáskanál só

Olaj kenéshez

Az élesztőt és a cukrot kevés tejjel habosra keverjük, majd a többi tejet és a tojást elkeverjük. A folyadékot elkeverjük a liszttel és a sóval, és vékony tésztává keverjük. Letakarjuk és meleg helyen 30 percig kelesztjük, amíg a duplájára nő. Melegítsen fel egy rácsot vagy egy nehéz serpenyőt (serpenyőt), és enyhén kenje meg. Öntsön csészényi keveréket a serpenyőbe, és süsse körülbelül 3 percig, amíg az alsó rész megbarnul, majd fordítsa meg és süsse körülbelül 2 percig a másik oldalát is. Ismételje meg a keveréket a többivel.

Easy Drop Scones

15-öt tesz ki

100 g/4 oz/1 csésze magától kelő (magán kelő) liszt

Egy csipet só

15 ml/1 evőkanál finom cukor

1 tojás

150 ml/¼ pt/2/3 csésze tej

Olaj kenéshez

A lisztet, a sót és a cukrot összekeverjük, és mélyedést készítünk a közepébe. Csepegtessük bele a tojást, és fokozatosan keverjük össze a tojást és a tejet, amíg sima masszát nem kapunk. Melegíts fel egy nagy serpenyőt (serpenyőt), és enyhén olajozza meg. Amikor felforrósodott, csepegtessünk kanál tésztát a serpenyőbe, hogy köröket formáljunk. Körülbelül 3 percig sütjük, amíg a pogácsa (keksz) felpuffad és aranybarna lesz az alján, majd megfordítjuk és a másik oldalukat is megpirítjuk. Forrón vagy melegen tálaljuk.

Maple Drop Scones

30-at tesz ki

200 g/7 oz/1¾ csésze magától kelő (magától kelő) liszt

25 g/1 uncia/¼ csésze rizsliszt

10 ml/2 tk sütőpor

25 g/1 uncia/2 evőkanál kristálycukor

Egy csipet só

15 ml/1 evőkanál juharszirup

1 tojás, felvert

200 ml / 7 fl oz / alig 1 csésze tej

Napraforgóolaj

50 g/2 oz/¼ csésze vaj vagy margarin, lágyítva

15 ml/1 evőkanál darált dió

A lisztet, sütőport, cukrot és sót összekeverjük, és mélyedést készítünk a közepébe. Adjuk hozzá a juharszirupot, a tojást és a tej felét, és verjük simára. A többi tejet sűrű masszává keverjük. Egy serpenyőben kevés olajat hevítünk, és a felesleget leöntjük róla. Cseppentsünk egy kanál tésztát a serpenyőre, és addig sütjük (sütjük), amíg az alsó része aranybarna nem lesz. Megfordítjuk és a másik oldalát is megsütjük. Vegyük ki a formából, és tartsuk melegen, amíg megsütjük a maradék pogácsát. A vajat vagy a margarint a dióval pépesítjük, a meleg pogácsákat ízesített vajjal megszórjuk tálaláshoz.

Griddle pogácsa

12-t tesz ki

225 g/8 uncia/2 csésze sima (univerzális) liszt

5 ml/1 teáskanál szódabikarbóna (szódabikarbóna)

10 ml/2 tk tartár

2,5 ml/½ teáskanál só

25 g / 1 uncia / 2 evőkanál ghí (rövidítő) vagy vaj

25 g/1 uncia/2 evőkanál kristálycukor

150 ml/¼ pt/2/3 csésze tej

Olaj kenéshez

Keverjük össze a lisztet, a szódabikarbónát, a tartárkrémet és a sót. Dörzsölje bele a zsírt vagy a vajat, majd keverje hozzá a cukrot. Fokozatosan hozzákeverjük a tejet, amíg lágy tésztát nem kapunk. Vágja ketté a tésztát, és gyúrja át, és formálja mindegyiket lapos, körülbelül 1 cm/½ vastagságú kerekre. Minden kört vágjunk hat felé. Egy serpenyőt vagy egy nagy serpenyőt felforrósítunk, és enyhén olajozzuk meg. Amikor a pogácsák felforrósodtak, tedd a serpenyőbe, és süsd körülbelül 5 percig, amíg az alsó része aranybarna nem lesz, majd fordítsd meg és süsd meg a másik oldalát is. Rácson hagyjuk kihűlni.

Sajtos grillezett darabok

12-t tesz ki

25 g/1 uncia/2 evőkanál vaj vagy margarin, lágyítva

100 g/4 oz/½ csésze túró

5 ml/1 tk apróra vágott friss metélőhagyma

2 tojás, felvert

40 g/1½ oz/1/3 csésze sima (univerzális) liszt

15 g/½ oz/2 evőkanál rizsliszt

5 ml/1 teáskanál sütőpor

15 ml/1 evőkanál tej

Olaj kenéshez

Az olaj kivételével az összes hozzávalót sűrű tésztává keverjük. Egy serpenyőben kevés olajat hevítünk, majd a felesleget leszűrjük. Süssük (sütjük) a keverékből kanálokat, amíg az alsó rész aranybarna nem lesz. A pogácsákat (kekszet) megfordítjuk és a másik oldalukat is megsütjük. Vegyük ki a formából, és tartsuk melegen, amíg megsütjük a maradék pogácsát

Különleges skót palacsinta

12-t tesz ki

100 g/4 uncia/1 csésze sima (univerzális) liszt

10 ml/2 teáskanál finomra eloszlatott cukor

5 ml/1 teáskanál tartár

2,5 ml/½ teáskanál só

2,5 ml/½ teáskanál szódabikarbóna (szódabikarbóna)

1 tojás

5 ml/1 teáskanál aranyszínű (világos kukorica) szirup

120 ml/4 fl uncia/½ csésze meleg tej

Olaj kenéshez

A száraz hozzávalókat összekeverjük, és mélyedést készítünk a közepébe. A tojást felverjük a sziruppal és a tejjel, és a lisztes keverékhez keverjük, amíg a tészta nagyon sűrű nem lesz. Fedjük le, és hagyjuk állni körülbelül 15 percig, amíg a keverék buborékosodik. Melegítsen fel egy nagy serpenyőt vagy vastag serpenyőt (serpenyőt), és enyhén kenje meg. Tegyen kis kanál tésztát a rácsra, és süsse az egyik oldalát körülbelül 3 percig, amíg az alsó rész aranybarna nem lesz, majd fordítsa meg és süsse a másik oldalát körülbelül 2 percig. A palacsintákat meleg konyharuhába (mosogatórongyba) tekerjük, amíg a maradék tésztát főzzük. Frissen és vajjal, pirítva vagy sütve (sütve) tálaljuk.

Gyümölcsös skót palacsinta

12-t tesz ki

100 g/4 uncia/1 csésze sima (univerzális) liszt

10 ml/2 teáskanál finomra eloszlatott cukor

5 ml/1 teáskanál tartár

2,5 ml/½ teáskanál só

2,5 ml/½ teáskanál szódabikarbóna (szódabikarbóna)

100 g/4 uncia/2/3 csésze mazsola

1 tojás

5 ml/1 teáskanál aranyszínű (világos kukorica) szirup

120 ml/4 fl uncia/½ csésze meleg tej

Olaj kenéshez

A száraz hozzávalókat és a mazsolát összekeverjük, és mélyedést készítünk a közepébe. A tojást felverjük a sziruppal és a tejjel, és a lisztes keverékhez keverjük, amíg a tészta nagyon sűrű nem lesz. Fedjük le, és hagyjuk állni körülbelül 15 percig, amíg a keverék buborékosodik. Melegítsen fel egy nagy serpenyőt vagy vastag serpenyőt (serpenyőt), és enyhén kenje meg. Tegyen kis kanál tésztát a rácsra, és süsse az egyik oldalát körülbelül 3 percig, amíg az alsó rész aranybarna nem lesz, majd fordítsa meg és süsse a másik oldalát körülbelül 2 percig. A palacsintákat meleg konyharuhába (mosogatórongyba) tekerjük, míg a többit főzzük. Frissen és vajjal, pirítva vagy sütve (sütve) tálaljuk.

Narancssárga skót palacsinta

12-t tesz ki

100 g/4 uncia/1 csésze sima (univerzális) liszt

10 ml/2 teáskanál finomra eloszlatott cukor

5 ml/1 teáskanál tartár

2,5 ml/½ teáskanál só

2,5 ml/½ teáskanál szódabikarbóna (szódabikarbóna)

10 ml/2 tk reszelt narancshéj

1 tojás

5 ml/1 teáskanál aranyszínű (világos kukorica) szirup

120 ml/4 fl uncia/½ csésze meleg tej

Néhány csepp narancsesszencia (kivonat)

Olaj kenéshez

A száraz hozzávalókat és a narancshéjat összekeverjük, és mélyedést készítünk a közepébe. A tojást habosra keverjük a sziruppal, a tejjel és a narancsesszenciával, és a lisztes keverékhez keverjük, amíg nagyon sűrű massza nem lesz. Fedjük le, és hagyjuk állni körülbelül 15 percig, amíg a keverék buborékosodik. Melegítsen fel egy nagy serpenyőt vagy vastag serpenyőt (serpenyőt), és enyhén kenje meg. Tegyen kis kanál tésztát a rácsra, és süsse az egyik oldalát körülbelül 3 percig, amíg az alsó rész aranybarna nem lesz, majd fordítsa meg és süsse a másik oldalát körülbelül 2 percig. A palacsintákat meleg konyharuhába (mosogatórongyba) tekerjük, míg a többit főzzük. Frissen és vajjal, pirítva vagy sütve (sütve) tálaljuk.

Énekeld Hinnyt

12-t tesz ki

225 g/8 uncia/2 csésze sima (univerzális) liszt

2,5 ml/½ teáskanál só

2,5 ml/½ teáskanál sütőpor

50 g/2 uncia/¼ csésze disznózsír (rövidített)

50 g/2 uncia/¼ csésze vaj vagy margarin

100 g/4 uncia/2/3 csésze mazsola

120 ml/4 fl oz/½ csésze tej

Olaj kenéshez

Keverjük össze a száraz hozzávalókat, és dörzsöljük bele disznózsírral és vajjal vagy margarinnal, amíg a keverék zsemlemorzsára nem hasonlít. Belekeverjük a ribizlit és mélyedést készítünk a közepébe. Annyi tejet keverünk hozzá, hogy kemény tésztát kapjunk. Enyhén lisztezett felületen 1 cm/½ vastagságúra kinyújtjuk, és villával megszurkáljuk. Melegítsen fel egy rácsot vagy egy nehéz serpenyőt (serpenyőt), és enyhén kenje meg. Süssük a tortát körülbelül 5 percig, amíg az alsó oldala aranybarna nem lesz, majd fordítsuk meg és süssük a másik oldalát is körülbelül 4 percig. Felosztva és kivajazva tálaljuk.

Walesi sütemények

Ajánlatok 4

225 g/8 uncia/2 csésze sima (univerzális) liszt

5 ml/1 teáskanál sütőpor

2,5 ml/½ teáskanál őrölt kevert (almás pite) fűszer

50 g/2 uncia/¼ csésze vaj vagy margarin

50 g/2 uncia/¼ csésze disznózsír (rövidített)

75 g/3 oz/1/3 csésze kristálycukor

50 g/2 uncia/1/3 csésze mazsola

1 tojás, felvert

30-45 ml/2-3 evőkanál tej

A lisztet, a sütőport és a fűszereket egy tálban összekeverjük. Dörzsölje be a vajat vagy a margarint és a zsírt, amíg a keverék zsemlemorzsára nem hasonlít. Keverjük hozzá a cukrot és a ribizlit. Hozzákeverjük a tojást és annyi tejet, hogy kemény tésztát kapjunk. Lisztezett deszkán nyújtsuk ki 5 mm/¼ vastagságúra, és vágjuk 7,5 cm-es körökre. Kiolajozott tepsiben mindkét oldalát kb. 4 perc alatt aranybarnára sütjük.

Walesi palacsinta

12-t tesz ki

175 g/6 uncia/1½ csésze sima (univerzális) liszt

2,5 ml/½ teáskanál tartár

2,5 ml/½ teáskanál szódabikarbóna (szódabikarbóna)

50 g/2 uncia/¼ csésze kristálycukor

25g/1oz/2 evőkanál vaj vagy margarin

1 tojás, felvert

120 ml/4 fl oz/½ csésze tej

2,5 ml/½ teáskanál ecet

Olaj kenéshez

Keverjük össze a száraz hozzávalókat, és keverjük hozzá a cukrot. Vajjal vagy margarinnal bedörzsöljük, és mélyedést készítünk a közepébe. Hozzákeverjük a tojást és annyi tejet, hogy vékony tésztát kapjunk. Keverjük hozzá az ecetet. Melegítsen fel egy rácsot vagy egy nehéz serpenyőt (serpenyőt), és enyhén kenje meg. Tegyen nagy kanál tésztát a serpenyőbe, és süssük (sütjük) körülbelül 3 percig, amíg az alsó része aranybarna nem lesz. Megfordítjuk, és a másik oldalát is kb 2 percig sütjük. Forrón és vajasan tálaljuk.

Mexikói fűszeres kukoricakenyér

8 tekercset készít

225 g/8 oz/2 csésze magától kelő (magán kelő) liszt

5 ml/1 teáskanál chili por

2,5 ml/½ teáskanál szódabikarbóna (szódabikarbóna)

200g/7oz/1 kis konzerv tejszínes kukorica (kukorica)

15 ml/1 evőkanál curry paszta

250 ml/8 fl oz/1 csésze natúr joghurt

Olaj sekély sütéshez

Keverjük össze a lisztet, a chiliport és a szódát. A többi hozzávalót az olaj kivételével összekeverjük és lágy tésztává keverjük. Enyhén lisztezett felületre borítjuk, és óvatosan simára gyúrjuk. Nyolc darabra vágjuk, és mindegyiket 13 cm-es körre verjük. Egy vastag aljú serpenyőben (serpenyőben) hevítsük fel az olajat, és süssük (sütjük meg) a kukoricakenyéreket mindkét oldalán 2 percig, amíg barna és enyhén felfújódik.

Svéd lapos kenyér

4-et tesz ki

225 g/8 uncia/2 csésze teljes kiőrlésű búzaliszt

225 g/8 uncia/2 csésze rozs- vagy árpaliszt

5 ml/1 teáskanál só

Körülbelül 250 ml/8 fl oz/1 csésze langyos víz

Olaj kenéshez

Egy tálban elkeverjük a lisztet és a sót, majd fokozatosan hozzákeverjük a vizet, amíg kemény tésztát nem kapunk. A használt liszttől függően egy kicsit több vagy kevesebb vízre lehet szüksége. Jól felverjük, amíg elválik a tál szélétől, majd enyhén lisztezett felületre borítjuk, és 5 percig dagasztjuk. A tésztát négy részre osztjuk, és vékony, 20 cm-es köröket nyújtunk. Melegíts fel egy rácsot vagy egy nagy serpenyőt (serpenyőt), és enyhén olajozd meg. Egyszerre egy-két cipót süssünk (sütünk) körülbelül 15 percig mindkét oldalon, amíg aranybarna nem lesz.

Párolt rozs és csemegekukorica kenyér

Egy 23 cm/9-es cipót készít

175 g/6 uncia/1½ csésze rozsliszt

175 g/6 uncia/1½ csésze teljes kiőrlésű búzaliszt

100 g/4 oz/1 csésze zabpehely

10 ml/2 teáskanál szódabikarbóna (szódabikarbóna)

5 ml/1 teáskanál só

450 ml/¾ pt/2 csésze tej

175 g/6 oz/½ csésze fekete szirup (melasz)

10 ml/2 teáskanál citromlé

Keverjük össze a lisztet, a zabpelyhet, a szódát és a sót. A tejet, a szirupot és a citromlevet kézmelegre melegítjük, majd a száraz hozzávalókhoz keverjük. Kiolajozott 23 cm/9-es pudingtálba kanalazzuk, és hajtogatott fóliával letakarjuk. Tegyük egy nagy edénybe, és töltsük fel annyi forró vízzel, hogy a serpenyő oldalának feléig érjen. Fedjük le, és főzzük 3 órán át, ha szükséges még öntsünk hozzá forrásban lévő vizet. Tálalás előtt hagyjuk egy éjszakán át.

Párolt csemegekukorica kenyér

Két 450 g/1 font súlyú cipót készít belőle

175 g/6 uncia/1½ csésze sima (univerzális) liszt

225 g/8 uncia/2 csésze kukoricadara

15 ml/1 evőkanál sütőpor

Egy csipet só

3 tojás

45 ml/3 evőkanál olaj

150 ml/¼ pt/2/3 csésze tej

300 g/11 uncia konzerv csemegekukorica (kukorica), lecsepegtetve és pépesítve

Keverjük össze a lisztet, a kukoricadarát, a sütőport és a sót. A tojást, az olajat és a tejet habosra keverjük, majd a száraz hozzávalókhoz keverjük a csemegekukoricával. Két kivajazott, 450 g/1 font súlyú tepsibe kanalazzuk, és egy nagy serpenyőbe helyezzük, amely annyi forrásban lévő vízzel van megtöltve, hogy a tepsi oldalának feléig érjen. Fedjük le és pároljuk 2 órán át, ha szükséges még öntsünk hozzá forrásban lévő vizet. Hagyja kihűlni a formákban, mielőtt megfordítaná és felszeletelné.

Teljes kiőrlésű Chapatis

12-t tesz ki

225 g/8 uncia/2 csésze teljes kiőrlésű búzaliszt

5 ml/1 teáskanál só

150 ml/¼ pt/2/3 csésze víz

Egy tálban elkeverjük a lisztet és a sót, majd fokozatosan hozzákeverjük a vizet, amíg kemény tésztát nem kapunk. 12 részre osztjuk és lisztezett felületen vékonyra kinyújtjuk. Egy vastag aljú serpenyőt (serpenyőt) vagy rácsot kivajazunk, és közepes lángon néhány chapatit egyenként barnára sütünk (sütünk). Megfordítjuk, és a másik oldaluk enyhén barnára sütjük. Tartsa melegen a chapatit, amíg a többit süti. Ízlés szerint a másik oldalát kivajazva tálaljuk.

Teljes kiőrlésű prés

8-at tesz ki

100 g/4 oz/1 csésze teljes kiőrlésű búzaliszt

100 g/4 uncia/1 csésze sima (univerzális) liszt

2,5 ml/½ teáskanál só

25 g/1 uncia/2 evőkanál vaj vagy margarin, olvasztott

150 ml/¼ pt/2/3 csésze víz

Olaj a rántáshoz

A lisztet és a sót összekeverjük, és mélyedést készítünk a közepébe. Öntsük hozzá a vajat vagy a margarint. Fokozatosan adjuk hozzá a vizet, keverjük, hogy kemény tésztát kapjunk. 5-10 percig dagasztjuk, majd nedves ruhával letakarjuk és 15 percig állni hagyjuk.

A tésztát nyolc részre osztjuk, és mindegyiket vékony, 13 cm-es kerek koronggá nyújtjuk. Egy nagy, vastag fenekű serpenyőben felforrósítjuk az olajat, és egyenként-kettővel addig sütjük (sütjük) a falatokat, amíg fel nem puffadnak, ropogósra, aranybarnára pirulnak. Papírtörlővel (papírtörlővel) lecsepegtetjük.

Mandulás süti

24-es lesz

100g/4oz/½ csésze vaj vagy margarin, lágyítva

50 g/2 uncia/¼ csésze kristálycukor

100 g/4 oz/1 csésze magától kelő (magán kelő) liszt

25 g/1 uncia/¼ csésze őrölt mandula

Néhány csepp mandula esszencia (kivonat)

A vajat vagy a margarint és a cukrot habosra verjük. A lisztet, az őrölt mandulát és a mandulaesszenciát kemény masszává keverjük. Formázzunk diónyi golyókat, és tegyük jól egymástól egy kivajazott tepsire, majd enyhén lapítsuk el villával. A sütiket (kekszeket) 180°C-ra előmelegített sütőben 15 perc alatt aranybarnára sütjük.

Mandula fürtök

30-at tesz ki

100 g / 4 uncia / 1 csésze pelyhes (szeletelt) mandula

100g/4oz/½ csésze vaj vagy margarin

100 g/4 oz/½ csésze kristálycukor

30 ml/2 evőkanál tej

15-30 ml/1-2 evőkanál sima (általános) liszt

Tegye a mandulát, a vajat vagy a margarint, a cukrot és a tejet egy lábosba 15 ml/1 evőkanál liszttel. Óvatosan kevergetve melegítsük addig, amíg a keverék össze nem áll, és ha szükséges, adjuk hozzá a többi lisztet is, hogy összetartsa a keveréket. A kanalakat külön-külön kivajazott és lisztezett tepsire tesszük, és 180°C-ra előmelegített sütőben 8 perc alatt világosbarnára sütjük. Kb. 30 másodpercig hagyjuk hűlni a tepsiben, majd egy fakanál nyele köré formázzunk gömböket. Ha eléggé lehűltek a formázáshoz, tedd vissza néhány másodpercre a sütőbe, hogy felmelegedjenek, mielőtt a többit formáznád.

Mandula gyűrűk

24-es lesz

100g/4oz/½ csésze vaj vagy margarin, lágyítva

100 g/4 oz/½ csésze kristálycukor

1 tojás, szétválasztva

225 g/8 uncia/2 csésze sima (univerzális) liszt

5 ml/1 teáskanál sütőpor

5 ml/1 teáskanál reszelt citromhéj

50 g/2 uncia/½ csésze pelyhes (aprított) mandula

Porcukor (szuper finom) szóráshoz

A vajat vagy a margarint és a cukrot habosra verjük. Fokozatosan belekeverjük a tojássárgáját, majd belekeverjük a lisztet, a sütőport és a citromhéjat. Kézzel fejezzük be, amíg a keverék össze nem tapad. Kinyújtjuk 5 mm/¼ vastagságúra, és pogácsaszaggatóval 6 cm/2¼ köröket vágunk, majd 2 cm/¾-es kiszúróval vágjuk ki a közepét. Kivajazott tepsire helyezzük egymástól jól egymástól a sütiket, és villával megszurkáljuk. 180°C-ra előmelegített sütőben, 4-es gázjelzéssel 10 percig sütjük. Kenjük meg tojásfehérjével, szórjuk meg mandulával és cukorral, majd tegyük vissza a sütőbe további 5 percre, amíg enyhén aranybarna nem lesz.

Mediterrán mandula repedések

24-es lesz

2 tojás, szétválasztva

175 g/6 oz/1 csésze porcukor (cukrász) szitált

10 ml/2 tk sütőpor

½ citrom reszelt héja

Néhány csepp vanília esszencia (kivonat)

400g/14oz/3½ csésze őrölt mandula

A sárgáját és egy tojásfehérjét a cukorral kemény habbá verjük. Keverjük össze az összes többi hozzávalót, és keverjük kemény tésztává. Forgassunk diónyi golyókat, és tegyük kiolajozott tepsire, enyhén nyomkodjuk le, hogy elsimítsák. 180°C-ra előmelegített sütőben 15 perc alatt aranybarnára és megrepedésre sütjük.

Mandulás és csokis keksz

24-es lesz

50 g/2 oz/¼ csésze vaj vagy margarin, lágyítva

75 g/3 oz/1/3 csésze kristálycukor

1 kis tojás, felverve

100 g/4 uncia/1 csésze sima (univerzális) liszt

2,5 ml/½ teáskanál sütőpor

25 g/1 uncia/¼ csésze őrölt mandula

25 g/1 uncia/¼ csésze sima (félédes) csokoládé, reszelve

A vajat vagy a margarint és a cukrot habosra verjük. Fokozatosan beleütjük a tojást, és a többi hozzávalót elég kemény tésztává keverjük. Ha a keverék túl nedves, adjunk hozzá még egy kis lisztet. Fóliába csomagolva (műanyag fóliába) 30 percre hűtőbe tesszük.

A tésztát henger alakúra nyújtjuk, és 1 cm/½ szeletekre vágjuk. Kivajazott tepsire külön jól helyezzük, és 190°C-ra előmelegített sütőben 10 percig sütjük.

Amish gyümölcsös és diós süti

24-es lesz

100g/4oz/½ csésze vaj vagy margarin, lágyítva

175 g/6 uncia/¾ csésze kristálycukor

1 tojás

75 ml/5 evőkanál tej

75 g/3 uncia/¼ csésze fekete szirup (melasz)

250 g/9 uncia/2¼ csésze sima (univerzális) liszt

10 ml/2 tk sütőpor

15 ml/1 evőkanál őrölt fahéj

10 ml/2 teáskanál szódabikarbóna (szódabikarbóna)

2,5 ml/½ teáskanál reszelt szerecsendió

50 g/2 uncia/½ csésze közepes zabpehely

50 g/2 uncia/1/3 csésze mazsola

25 g/1 uncia/¼ csésze apróra vágott dió

A vajat vagy a margarint és a cukrot habosra verjük. Fokozatosan hozzákeverjük a tojást, majd a tejet és a szirupot. Hozzákeverjük a többi hozzávalót, és kemény tésztává gyúrjuk. Adjunk hozzá egy kevés tejet, ha a keverék túl kemény a munkához, vagy egy kevés lisztet, ha túl ragadós; az állaga a használt liszttől függően változik. A tésztát kb. 5 mm/¼ vastagságúra nyújtjuk, és pogácsaszaggatóval kör alakúra vágjuk. Kivajazott tepsire tesszük, és előmelegített sütőben 180°C-on, 4-es gázjelzéssel 10 perc alatt aranybarnára sütjük.

Ánizs süti

16-os lesz

175 g/6 uncia/¾ csésze kristálycukor

2 tojásfehérje

1 tojás

100 g/4 uncia/1 csésze sima (univerzális) liszt

5 ml/1 teáskanál őrölt ánizs

A cukrot, a tojásfehérjét és a tojást 10 percig habosra keverjük. Fokozatosan belekeverjük a lisztet és belekeverjük az ánizst. A keveréket kanalazzuk egy 450 g-os cipóformába (serpenyőbe), és 180°C-ra előmelegített sütőben süssük 35 percig, amíg a közepébe szúrt fogpiszkáló tisztán ki nem jön. Kivesszük a formából, és 1 cm/½ szeletekre vágjuk. A sütiket (kekszeket) kikent tepsire helyezzük az oldalukra, és a sütés felénél megfordítjuk még 10 percre a sütőbe.

Banános, zabos és narancsleves süti

24-es lesz

100g/4oz/½ csésze vaj vagy margarin, lágyítva

100 g/4 uncia érett banán, pépesítve

120 ml/4 fl oz/½ csésze narancslé

4 tojásfehérje, enyhén felverve

10 ml/2 tk vanília esszencia (kivonat)

5 ml/1 teáskanál finomra reszelt narancshéj

225 g/8 uncia/2 csésze zab

225 g/8 uncia/2 csésze sima (univerzális) liszt

5 ml/1 teáskanál szódabikarbóna (szódabikarbóna)

5 ml/1 teáskanál reszelt szerecsendió

Egy csipet só

A vajat vagy a margarint puhára verjük, majd hozzákeverjük a banánt és a narancslevet. A tojásfehérjét, a pudingot és a narancshéjat összekeverjük, majd a banános keverékhez és a többi hozzávalóhoz keverjük. Dobjunk kanalakat a tepsire, és 180°C-ra előmelegített sütőben süssük 20 perc alatt aranybarnára.

Alap sütik

40-et tesz ki

100g/4oz/½ csésze vaj vagy margarin, lágyítva

100 g/4 oz/½ csésze kristálycukor

1 tojás, felvert

5 ml/1 teáskanál vanília esszencia (kivonat)

225 g/8 uncia/2 csésze sima (univerzális) liszt

A vajat vagy a margarint és a cukrot habosra verjük. Fokozatosan belekeverjük a tojást és a vanília esszenciát, majd belekeverjük a lisztet és sima tésztává gyúrjuk. Golyóba forgatjuk, műanyag fóliába csomagoljuk és 1 órára hűtőbe tesszük.

A tésztát 5 mm/¼ vastagságúra nyújtjuk, és pogácsaszaggatóval kör alakúra vágjuk. Kivajazott tepsire tesszük, és 200°C-ra előmelegített sütőben 10 perc alatt aranybarnára sütjük. Hagyja hűlni a lapon 5 percig, mielőtt rácsra helyezi, hogy befejezze a hűtést.

Ropogós korpás keksz

16-os lesz

100 g/4 oz/1 csésze teljes kiőrlésű búzaliszt

100 g/4 uncia/½ csésze puha barna cukor

25 g/1 uncia/¼ csésze zab

25 g/1 uncia/½ csésze korpa

5 ml/1 teáskanál szódabikarbóna (szódabikarbóna)

5 ml/1 teáskanál őrölt gyömbér

100g/4oz/½ csésze vaj vagy margarin

15 ml/1 evőkanál aranyszínű (világos kukorica) szirup

15 ml/1 evőkanál tej

Keverjük össze a száraz hozzávalókat. A vajat a sziruppal és a tejjel felolvasztjuk, majd a száraz hozzávalókat kemény tésztává keverjük. Tegyen kanálnyi süteményes keveréket egy kivajazott tepsire, és süsse előmelegített sütőben 160°C/325°F/gázjel 3 15 perc alatt aranybarnára.

Szezámmagos sütik

12-t tesz ki

225 g/8 uncia/2 csésze teljes kiőrlésű búzaliszt

5 ml/1 teáskanál sütőpor

25 g/1 uncia/½ csésze korpa

Egy csipet só

50 g/2 uncia/¼ csésze vaj vagy margarin

45 ml/3 evőkanál puha barna cukor

45 ml/3 evőkanál szultán (arany mazsola)

1 tojás, enyhén felverve

120 ml/4 fl oz/½ csésze tej

45 ml/3 evőkanál szezámmag

Keverjük össze a lisztet, a sütőport, a korpát és a sót, majd dörzsöljük bele a vajat vagy a margarint, amíg a keverék zsemlemorzsa nem lesz. Keverjük hozzá a cukrot és a szultánt, keverjük hozzá a tojást és annyi tejet, hogy lágy, de nem ragadós tésztát kapjunk. 1 cm/½ vastag koronggá nyújtjuk, és pogácsaszaggatóval kör alakúra vágjuk. Kivajazott tepsire tesszük, megkenjük tejjel és megszórjuk szezámmaggal. 220°C-ra előmelegített sütőben 10 perc alatt aranybarnára sütjük.

Köményes pálinkás süti

30-at tesz ki

25 g/1 uncia/2 evőkanál vaj vagy margarin, lágyítva

75 g/3 uncia/1/3 csésze puha barna cukor

½ tojás

10 ml/2 tk brandy

175 g/6 uncia/1½ csésze sima (univerzális) liszt

10 ml/2 tk köménymag

5 ml/1 teáskanál sütőpor

Egy csipet só

A vajat vagy a margarint és a cukrot habosra verjük. Fokozatosan beleütjük a tojást és a pálinkát, hozzákeverjük a többi hozzávalót, és kemény tésztává keverjük. Fóliába csomagolva (műanyag fóliába) 30 percre hűtőbe tesszük.

A tésztát enyhén lisztezett felületen nyújtsuk ki kb. 3 mm/1/8 vastagságúra, és pogácsaszaggatóval vágjuk kör alakúra. Helyezze a kekszeket kivajazott tepsire, és 200°C-ra előmelegített sütőben 10 percig süsse.

Brandy Snaps

30-at tesz ki

100g/4oz/½ csésze vaj vagy margarin

100 g/4 uncia/1/3 csésze aranyszínű (világos kukorica) szirup

100 g/4 uncia/½ csésze demerara cukor

100 g/4 uncia/1 csésze sima (univerzális) liszt

5 ml/1 teáskanál őrölt gyömbér

5 ml/1 teáskanál citromlé

A vajat vagy a margarint, a szirupot és a cukrot egy serpenyőben felolvasztjuk. Hagyjuk kicsit hűlni, majd keverjük hozzá a lisztet és a gyömbért és a citromlevet. Csepegtess teáskanálnyi keveréket 10 cm/4-es időközönként kivajazott tepsire, és előmelegített sütőben 180°C/350°F/gázjel 4 8 perc alatt süsd aranybarnára. Egy percig hagyjuk hűlni, majd egy szelettel emeljük le a sütőpapírról, és fakanállal tekerjük a kikent nyél köré. Vegyük le a kanál nyelét, és hagyjuk rácson kihűlni. Ha formázás előtt túlságosan megkeményednek a pattanások, tedd vissza egy percre a sütőbe, hogy felmelegedjenek és megpuhuljanak.

Vajas süti

24-es lesz

100g/4oz/½ csésze vaj vagy margarin, lágyítva

50 g/2 uncia/¼ csésze kristálycukor

1 citrom reszelt héja

150 g/5 uncia/1¼ csésze magától kelő (magától kelő) liszt

A vajat vagy a margarint és a cukrot habosra verjük. Belekeverjük a citrom héját, majd a lisztet kemény masszává keverjük. Formázzunk diónyi golyókat, és tegyük jól egymástól egy kivajazott tepsire, majd enyhén lapítsuk el villával. A sütiket (kekszeket) 180°C-ra előmelegített sütőben 15 perc alatt aranybarnára sütjük.

Butterscotch sütik

40-et tesz ki

100g/4oz/½ csésze vaj vagy margarin, lágyítva

100 g/4 oz/½ csésze sötét puha barna cukor

1 tojás, felvert

1,5 ml/¼ teáskanál vanília esszencia (kivonat)

225 g/8 uncia/2 csésze sima (univerzális) liszt

7,5 ml/1½ teáskanál sütőpor

Egy csipet só

A vajat vagy a margarint és a cukrot habosra verjük. Fokozatosan hozzákeverjük a tojást és a vanília esszenciát. Belekeverjük a lisztet, a sütőport és a sót. Formázz a tésztából három, körülbelül 5 cm/2 átmérőjű hengert, tekerd be műanyag fóliával (műanyag fóliával), és hűtsd le 4 órára vagy egy éjszakára.

Vágjuk 3 mm/1/8 vastag szeletekre, és tegyük kiolajozott tepsire. A kekszeket (kekszeket) előmelegített sütőben 190°C-on/5-ös gázjelzéssel 10 perc alatt világosbarnára sütjük.

Karamell sütik

30-at tesz ki

50 g/2 oz/¼ csésze vaj vagy margarin, lágyítva

50 g/2 uncia/¼ csésze disznózsír (rövidített)

225 g/8 uncia/1 csésze puha barna cukor

1 tojás, enyhén felverve

175 g/6 uncia/1½ csésze sima (univerzális) liszt

1,5 ml/¼ teáskanál szódabikarbóna (szódabikarbóna)

1,5 ml/¼ teáskanál borkő

Egy csipet reszelt szerecsendió

10 ml/2 teáskanál víz

2,5 ml/½ teáskanál vanília esszencia (kivonat)

A vajat vagy a margarint, a zsírt és a cukrot habosra verjük. Fokozatosan beleütjük a tojást. Hozzákeverjük a lisztet, a szódabikarbónát, a tartárt és a szerecsendiót, majd hozzáadjuk a vizet és a vaníliaesszenciát, és lágy tésztává keverjük. Kolbászformába tekerjük, fóliával (műanyag fóliával) betakarjuk, és legalább 30 percre, lehetőleg tovább, hűtőbe tesszük.

A tésztát 1 cm/½ szeletekre vágjuk, és kivajazott tepsire tesszük. A kekszeket (kekszet) előmelegített sütőben 180°C-on/4-es gázjelzéssel 10 perc alatt aranybarnára sütjük.

Sárgarépa és diós süti

48-as

175 g/6 oz/¾ csésze vaj vagy margarin, lágyítva

100 g/4 uncia/½ csésze puha barna cukor

50 g/2 uncia/¼ csésze kristálycukor

1 tojás, enyhén felverve

225 g/8 uncia/2 csésze sima (univerzális) liszt

5 ml/1 teáskanál sütőpor

2,5 ml/½ teáskanál só

100 g / 4 uncia / ½ csésze pépesített főtt sárgarépa

100 g/4 oz/1 csésze dió, apróra vágva

A vajat vagy a margarint és a cukrot habosra verjük. Fokozatosan beleütjük a tojást, majd belekeverjük a lisztet, a sütőport és a sót. Hozzákeverjük a darált sárgarépát és a diót. Csepegtess kis kanálokat egy kivajazott tepsire, és előmelegített sütőben, 200°C-on, 6-os gázjelzéssel süsd 10 percig.

Narancssárga jeges sárgarépa és diós süti

48-as

A sütihez (kekszhez):

175 g/6 oz/¾ csésze vaj vagy margarin, lágyítva

100 g/4 oz/½ csésze kristálycukor

50 g/2 uncia/¼ csésze puha barna cukor

1 tojás, enyhén felverve

225 g/8 uncia/2 csésze sima (univerzális) liszt

5 ml/1 teáskanál sütőpor

2,5 ml/½ teáskanál só

5 ml/1 teáskanál vanília esszencia (kivonat)

100 g / 4 uncia / ½ csésze pépesített főtt sárgarépa

100 g/4 oz/1 csésze dió, apróra vágva

Fagyasztáshoz (jegesedés):

175 g/6 oz/1 csésze porcukor (cukrász) szitált

10 ml/2 tk reszelt narancshéj

30 ml/2 evőkanál narancslé

A sütihez a vajat vagy a margarint és a cukrokat habosra verjük. Fokozatosan beleütjük a tojást, majd belekeverjük a lisztet, a sütőport és a sót. Keverjük hozzá a pudingot, a sárgarépapürét és a diót. Csepegtess kis kanálokat egy kivajazott tepsire, és előmelegített sütőben, 200°C-on, 6-os gázjelzéssel süsd 10 percig.

A cukormázhoz a porcukrot egy tálba tesszük, belekeverjük a narancshéjat, és mélyedést készítünk a közepébe. A narancslevet apránként forraljuk fel, amíg sima, de elég sűrű mézet nem kapunk. Még melegen rákenjük a sütire, hagyjuk kihűlni és megdermedni.

Cseresznye süti

48-as

100g/4oz/½ csésze vaj vagy margarin, lágyítva

100 g/4 oz/½ csésze kristálycukor

1 tojás, felvert

5 ml/1 teáskanál vanília esszencia (kivonat)

225 g/8 uncia/2 csésze sima (univerzális) liszt

50 g/2 oz/¼ csésze mázas (kandírozott) cseresznye, apróra vágva

A vajat vagy a margarint és a cukrot habosra verjük. Fokozatosan belekeverjük a tojást és a vanília esszenciát, majd belekeverjük a lisztet és a meggyet, és sima tésztává gyúrjuk. Golyóba forgatjuk, műanyag fóliába csomagoljuk és 1 órára hűtőbe tesszük.

A tésztát 5 mm/¼ vastagságúra nyújtjuk, és pogácsaszaggatóval kör alakúra vágjuk. Kivajazott tepsire tesszük, és 200°C-ra előmelegített sütőben 10 perc alatt aranybarnára sütjük. Hagyja hűlni a lapon 5 percig, mielőtt rácsra helyezi, hogy befejezze a hűtést.

Cseresznye és mandula karikák

24-es lesz

100g/4oz/½ csésze vaj vagy margarin, lágyítva

100 g/4 uncia/½ csésze kristálycukor (szuper finom), plusz plusz csepegtetéshez

1 tojás, szétválasztva

225 g/8 uncia/2 csésze sima (univerzális) liszt

5 ml/1 teáskanál sütőpor

5 ml/1 teáskanál reszelt citromhéj

60 ml/4 evőkanál kandírozott cseresznye

50 g/2 uncia/½ csésze pelyhes (aprított) mandula

A vajat vagy a margarint és a cukrot habosra verjük. Fokozatosan belekeverjük a tojássárgáját, majd belekeverjük a lisztet, a sütőport, a citromhéjat és a meggyet. Kézzel fejezzük be, amíg a keverék összeáll. Nyújtsuk ki 5 mm/¼ vastag korongot, és egy pogácsaszaggatóval vágjunk 6 cm/2¼ köröket, majd vágjuk ki a közepét egy 2 cm/¾-es kiszúróval. Kivajazott tepsire helyezzük egymástól jól egymástól a sütiket, és villával megszurkáljuk. Előmelegített sütőben 180°C/350°F/gázjelzés 4 10 percig sütjük. Kenjük meg tojásfehérjével, szórjuk meg mandulával és cukorral, majd tegyük vissza a sütőbe további 5 percre, amíg halvány aranybarna nem lesz.

Csokoládé vajas sütik

24-es lesz

100g/4oz/½ csésze vaj vagy margarin

50 g/2 uncia/¼ csésze kristálycukor

100 g/4 oz/1 csésze magától kelő (magán kelő) liszt

30 ml/2 evőkanál kakaópor (cukrozatlan csokoládé).

A vajat vagy a margarint és a cukrot habosra verjük. A lisztet és a kakaót kemény habbá keverjük. Formázzunk diónyi golyókat, és tegyük jól egymástól egy kivajazott tepsire, majd enyhén lapítsuk el villával. 180°C-ra előmelegített sütőben 15 perc alatt barnára sütjük a kekszeket (kekszeket).

Csokoládé és cseresznye tekercs

24-es lesz

100g/4oz/½ csésze vaj vagy margarin, lágyítva

100 g/4 oz/½ csésze kristálycukor

1 tojás

2,5 ml/½ teáskanál vanília esszencia (kivonat)

225 g/8 uncia/2 csésze sima (univerzális) liszt

5 ml/1 teáskanál sütőpor

Egy csipet só

25 g/1 oz/¼ csésze kakaópor (cukrozatlan csokoládé).

25 g/1 uncia/2 evőkanál cseresznye (kandírozott), apróra vágva

A vajat és a cukrot habosra verjük. Fokozatosan hozzákeverjük a tojást és a vanília esszenciát, majd a lisztet, a sütőport és a sót kemény tésztává keverjük. A tésztát kettéosztjuk, és az egyik felébe belekeverjük a kakaót, a másikba a meggyet. Fóliába csomagolva (műanyag fóliába) 30 percre hűtőbe tesszük.

Minden tésztadarabot 3 mm/1/8 vastagságú téglalappá nyújtunk, egymásra helyezzük, és a sodrófával finoman összenyomkodjuk. A leghosszabb oldalától feltekerjük és enyhén összenyomkodjuk. Vágjuk 1 cm/½ vastag szeletekre, és tegyük jól egymástól egy kivajazott tepsire. Előmelegített sütőben 200°C/400°F/6-os gázjelzéssel 10 percig sütjük.

Csokis keksz

24-es lesz

75 g/3 uncia/1/3 csésze vaj vagy margarin

175 g/6 uncia/1½ csésze sima (univerzális) liszt

5 ml/1 teáskanál sütőpor

egy csipet szódabikarbóna (szódabikarbóna)

50 g/2 uncia/¼ csésze puha barna cukor

45 ml/3 evőkanál aranyszínű (világos kukorica) szirup

100 g/4 oz/1 csésze csokoládéforgács

Dörzsölje el a vajat vagy a margarint a liszttel, a sütőporral és a szódabikarbónával, amíg a keverék zsemlemorzsára nem hasonlít. Hozzákeverjük a cukrot, a szirupot és a csokireszeléket, és sima tésztává keverjük. Kis golyókat formázunk, és kivajazott tepsire tesszük, enyhén megnyomkodjuk, hogy ellapuljanak. A kekszeket (kekszet) előmelegített sütőben 190°C-on/5-ös gázjelzéssel 15 perc alatt aranybarnára sütjük.

Csokis és banános süti

24-es lesz

75 g/3 uncia/1/3 csésze vaj vagy margarin

175 g/6 uncia/1½ csésze sima (univerzális) liszt

5 ml/1 teáskanál sütőpor

2,5 ml/½ teáskanál szódabikarbóna (szódabikarbóna)

50 g/2 uncia/¼ csésze puha barna cukor

45 ml/3 evőkanál aranyszínű (világos kukorica) szirup

50 g/2 uncia/½ csésze csokoládéforgács

50 g/2 oz/½ csésze szárított banán chips, durvára vágva

Dörzsölje el a vajat vagy a margarint a liszttel, a sütőporral és a szódabikarbónával, amíg a keverék zsemlemorzsára nem hasonlít. Hozzákeverjük a cukrot, a szirupot és a csokoládé- és banánreszeléket, és sima tésztává keverjük. Kis golyókat formázunk, és kivajazott tepsire tesszük, enyhén megnyomkodjuk, hogy ellapuljanak. A kekszeket (kekszet) előmelegített sütőben 190°C-on/5-ös gázjelzéssel 15 perc alatt aranybarnára sütjük.

Csokoládé és dió falatkák

24-es lesz

50 g/2 oz/¼ csésze vaj vagy margarin, lágyítva

175 g/6 uncia/¾ csésze kristálycukor

1 tojás

5 ml/1 teáskanál vanília esszencia (kivonat)

25 g/1 uncia/¼ csésze sima (félédes) csokoládé, olvasztott

100 g/4 uncia/1 csésze sima (univerzális) liszt

5 ml/1 teáskanál sütőpor

Egy csipet só

30 ml/2 evőkanál tej

25 g/1 uncia/¼ csésze apróra vágott dió

Porcukor (cukrászok), szitált, porozáshoz

A vajat vagy a margarint és a porcukrot habosra verjük. Fokozatosan belekeverjük a tojást és a vanília esszenciát, majd belekeverjük a csokoládét. A lisztet, a sütőport és a sót összekeverjük, majd a tejjel felváltva a masszához keverjük. Belekeverjük a diót, lefedjük és 3 órára hűtőbe tesszük.

A keverékből 3 cm/1½ golyókat forgatunk, és porcukorba forgatjuk. Enyhén kivajazott tepsire tesszük, és 180°C-ra előmelegített sütőben 15 perc alatt világosbarnára sütjük. Porcukorral megszórva tálaljuk.

Amerikai csokoládék

20-at tesz ki

225 g/8 uncia/1 csésze disznózsír (rövidített)

225 g/8 uncia/1 csésze puha barna cukor

100 g/4 oz/½ csésze kristálycukor

5 ml/1 teáskanál vanília esszencia (kivonat)

2 tojás, enyhén felverve

175 g/6 uncia/1½ csésze sima (univerzális) liszt

5 ml/1 teáskanál só

5 ml/1 teáskanál szódabikarbóna (szódabikarbóna)

225 g/8 uncia/2 csésze zab

350 g/12 uncia/3 csésze csokoládéforgács

A disznózsírt, a cukrot és a pudingot habosra verjük. Fokozatosan beleütjük a tojásokat. Hozzákeverjük a lisztet, a sót, a szódabikarbónát és a zabot, majd belekeverjük a csokireszeléket. Helyezzen kanálnyi keveréket kivajazott tepsire, és előmelegített sütőben 180°C/350°F/gázjel 4 kb. 10 perc alatt süsse aranybarnára.

Csokoládé krémek

24-es lesz

175 g/6 oz/¾ csésze vaj vagy margarin, lágyítva

175 g/6 uncia/¾ csésze kristálycukor

225 g/8 oz/2 csésze magától kelő (magán kelő) liszt

75 g/3 uncia/¾ csésze szárított (aprított) kókuszdió

100 g 4 csésze zúzott kukoricapehely

25 g/1 oz/¼ csésze kakaópor (cukrozatlan csokoládé).

60 ml/4 evőkanál forrásban lévő víz

100 g/4 oz/1 csésze sima (félédes) csokoládé

A vajat vagy a margarint és a cukrot habosra keverjük, majd hozzákeverjük a lisztet, a kókuszt és a kukoricapelyhet. A forrásban lévő vízben elkeverjük a kakaót, majd a masszához keverjük. 2,5 cm/1-es golyókat formázunk, kivajazott tepsire tesszük és villával enyhén laposra nyomkodjuk. 180°C-ra előmelegített sütőben 15 perc alatt aranybarnára sütjük.

Olvasszuk fel a csokoládét egy hőálló edényben, enyhén forrásban lévő víz felett. A tetejére terítjük a keksz (keksz) felét, a másik felét ránomkodjuk. Hagyd hülni.

Csokis és mogyorós süti

16-os lesz

200g/7oz/ kevés 1 csésze vaj vagy margarin, lágyítva

50 g/2 uncia/¼ csésze kristálycukor

100 g/4 uncia/½ csésze puha barna cukor

10 ml/2 tk vanília esszencia (kivonat)

1 tojás, felvert

275 g/10 uncia/2½ csésze sima (univerzális) liszt

50 g/2 oz/½ csésze kakaópor (cukrozatlan csokoládé).

5 ml/1 teáskanál sütőpor

75 g/3 uncia/¾ csésze mogyoró

225 g/8 uncia/2 csésze fehér csokoládé, apróra vágva

A vajat vagy a margarint, a cukrot és a vaníliaesszenciát habosra verjük, majd a tojást felverjük. Belekeverjük a lisztet, a kakaót és a sütőport. Keverje hozzá a diót és a csokoládét, amíg a keverék össze nem áll. Formázzunk 16 golyót, és kenjük el egyenletesen egy kivajazott és bélelt tepsiben, majd egy kanál hátával kissé lapítsuk el. Előmelegített sütőben, 160°C-on, 3-as gázjelzéssel kb. 15 percig sütjük, amíg meg nem puhul, de kissé megpuhul.

Csokis és szerecsendiós süti

24-es lesz

50 g/2 oz/¼ csésze vaj vagy margarin, lágyítva

100 g/4 oz/½ csésze kristálycukor

15 ml/1 evőkanál kakaópor (cukrozatlan csokoládé).

1 tojássárgája

2,5 ml/½ teáskanál vanília esszencia (kivonat)

150 g/5 uncia/1¼ csésze sima (univerzális) liszt

5 ml/1 teáskanál sütőpor

Egy csipet reszelt szerecsendió

60 ml/4 evőkanál tejföl

A vajat vagy a margarint és a cukrot habosra verjük. Belekeverjük a kakaót. A tojássárgáját és a vanília esszenciát habosra keverjük, majd belekeverjük a lisztet, a sütőport és a szerecsendiót. A tejszínt simára keverjük. Fedjük le és hűtsük le.

A tésztát 5 mm/¼ vastagságúra nyújtjuk, és 5 cm/2-es kiszúróval kiszaggatjuk. Helyezze a keksz(eke)t egy kiolajozott tepsire, és előmelegített sütőben 200°C/400°F/gáz jelzés 6 10 perc alatt süsse aranybarnára.

Csokoládéval bevont süti

16-os lesz

175 g/6 oz/¾ csésze vaj vagy margarin, lágyítva

75 g/3 oz/1/3 csésze kristálycukor

175 g/6 uncia/1½ csésze sima (univerzális) liszt

50 g/2 uncia/½ csésze őrölt rizs

75 g/3 uncia/¾ csésze csokoládéforgács

100 g/4 oz/1 csésze sima (félédes) csokoládé

A vajat vagy a margarint és a cukrot habosra verjük. Hozzákeverjük a lisztet és az őrölt rizst, majd összegyúrjuk a csokidarabokat. Kiolajozott svájci tekercsformába (zselétekercs tepsibe) nyomkodjuk, és villával megszurkáljuk. 160°C-ra előmelegített sütőben 30 perc alatt aranybarnára sütjük. Még melegen jelölje meg az ujjait, és hagyja teljesen kihűlni.

Olvasszuk fel a csokoládét egy hőálló edényben, enyhén forrásban lévő víz felett. Kenjük a süti(k)re, és hagyjuk kihűlni és megdermedni, mielőtt ujjal felvágnánk. Tárolja légmentesen záródó edényben.

Kávés és csokis szendvics süti

40-et tesz ki

A sütihez (kekszhez):

175 g/6 uncia/¾ csésze vaj vagy margarin

25 g/1 uncia/2 evőkanál szilava (rövidített)

450 g/1 font/4 csésze sima (univerzális) liszt

Egy csipet só

100 g/4 uncia/½ csésze puha barna cukor

5 ml/1 teáskanál szódabikarbóna (szódabikarbóna)

60 ml/4 evőkanál erős feketekávé

5 ml/1 teáskanál vanília esszencia (kivonat)

100 g/4 uncia/1/3 csésze aranyszínű (világos kukorica) szirup

Töltelékhez:

10 ml/2 tk instant kávépor

10 ml/2 teáskanál forrásban lévő víz

50 g/2 uncia/¼ csésze kristálycukor

25g/1oz/2 evőkanál vaj vagy margarin

15 ml/1 evőkanál tej

A kekszhez a vajat vagy a margarint és a zsírt dörzsöljük a lisztbe és a sóba, amíg a keverék zsemlemorzsára nem hasonlít, majd keverjük hozzá a barna cukrot. Keverjük össze a nátrium-hidrogén-karbonátot egy kevés kávéval, keverjük hozzá a többi kávét, vanília esszenciát és szirupot, és keverjük sima tésztává. Enyhén olajozott tálba tesszük, fóliával (műanyag fóliával) letakarjuk, és egy éjszakán át hagyjuk.

A tésztát enyhén lisztezett felületen nyújtsuk ki kb. 1 cm/½ vastagságúra, és vágjuk 2 x 7,5 cm/¾ x 3 négyzetekre.

Mindegyiket szúrja meg villával, hogy horonymintát hozzon létre. Kivajazott tepsibe tesszük, és előmelegített sütőben 200°C-on 10 perc alatt aranybarnára sütjük. Hűtsük le rácson.

A töltelékhez egy kis edényben forrásban lévő vízben feloldjuk a kávéport, összekeverjük a többi hozzávalót és felforraljuk. Főzzük 2 percig, majd vegyük le a tűzről és keverjük sűrűre és hűtsük ki. Szendvics pár süti töltelékkel együtt.

Karácsonyi sütik

24-es lesz

100g/4oz/½ csésze vaj vagy margarin, lágyítva

100 g/4 oz/½ csésze kristálycukor

225 g/8 uncia/2 csésze sima (univerzális) liszt

Egy csipet só

5 ml/1 teáskanál őrölt fahéj

1 tojássárgája

10 ml/2 teáskanál hideg víz

Néhány csepp vanília esszencia (kivonat)

Fagyasztáshoz (jegesedés):
225 g/8 uncia/11/3 csésze (cukrász) porcukor, átszitálva

30 ml/2 evőkanál víz

ételfesték (elhagyható)

A vajat és a cukrot habosra verjük. Hozzákeverjük a lisztet, a sót és a fahéjat, majd hozzákeverjük a tojássárgáját, a vizet és a vaníliaesszenciát, és kemény tésztává keverjük. Csomagold be műanyag fóliába, és tedd hűtőbe 30 percre.

Nyújtsuk ki a tésztát 5 mm/¼ vastagságúra, és pogácsaszaggatóval vagy éles késsel vágjunk ki karácsonyi mintákat. Minden süti tetejére lyukat ütünk, ha fára szeretnénk akasztani. A formákat kivajazott tepsire helyezzük, és 200°C-ra előmelegített sütőben 10 perc alatt aranybarnára sütjük. Hagyd hülni.

Fokozatosan keverjük a vizet a porcukorral, amíg a cukormáz elég sűrű nem lesz. Kis mennyiségben festse különböző színekkel, ha szeretné. Fűzzük a mintákat a sütikre, és hagyjuk megszilárdulni. Fűzzen át egy hurkot szalagot vagy cérnát a lyukon a felakasztáshoz.

Kókuszos süti

32-es lesz

50 g/2 uncia/3 evőkanál aranyszínű (világos kukorica) szirup

150g/5oz/2/3 csésze vaj vagy margarin

100 g/4 oz/½ csésze kristálycukor

100 g/4 uncia/1 csésze sima (univerzális) liszt

75 g/3 uncia/¾ csésze zab

50 g/2 oz/½ csésze szárított (aprított) kókuszdió

10 ml/2 teáskanál szódabikarbóna (szódabikarbóna)

15 ml/1 evőkanál forró víz

A szirupot, a vajat vagy a margarint és a cukrot felolvasztjuk. Hozzákeverjük a lisztet, a zabot és a szárított kókuszt. Keverjük el a szódabikarbónát a forró vízzel, majd keverjük hozzá a többi hozzávalót. Hagyjuk a keveréket kissé lehűlni, majd osszuk 32 részre, és forgassuk golyóvá. A sütiket (kekszeket) elsimítjuk, és kivajazott tepsire tesszük. 160°C-ra előmelegített sütőben 20 perc alatt aranybarnára sütjük.

Kukoricasüti gyümölcskrémmel

12-t tesz ki

150 g/5 uncia/1¼ csésze teljes kiőrlésű búzaliszt

150 g/5 uncia/1¼ csésze kukoricaliszt

10 ml/2 tk sütőpor

Egy csipet só

225 g/8 uncia/1 csésze natúr joghurt

75 g/3 uncia/¼ csésze tiszta méz

2 tojás

45 ml/3 evőkanál olaj

A gyümölcskrémhez:

150g/5oz/2/3 csésze vaj vagy margarin, lágyítva

1 citrom leve

Néhány csepp vanília esszencia (kivonat)

30 ml/2 evőkanál finom cukor

225 g/8 uncia eper

Keverjük össze a lisztet, a kukoricadarát, a sütőport és a sót. Hozzákeverjük a joghurtot, a mézet, a tojást és az olajat, és sima tésztává keverjük. Enyhén lisztezett felületen nyújtsuk ki kb. 1 cm/½ vastagságúra, és vágjuk nagy körökre. Kivajazott tepsire tesszük, és előmelegített sütőben 200°C-on 15 perc alatt aranybarnára sütjük.

A gyümölcskrémhez a vajat vagy a margarint, a citromlevet, a vaníliás cukrot és a cukrot összekeverjük. Tartsunk fenn néhány epret a díszítéshez, a többit pürésítsük és szűrőn dörzsöljük át, ha a mag nélküli krémet (köveket) szeretjük. Keverjük hozzá a vajas keveréket és hűtsük le. Tálalás előtt minden sütire kanalazzon vagy kenjen meg egy rozetta krémet.

Cornish keksz

20-at tesz ki

225 g/8 oz/2 csésze magától kelő (magán kelő) liszt

Egy csipet só

100g/4oz/½ csésze vaj vagy margarin

175g/6oz/2/3 csésze kristálycukor

1 tojás

Porcukor (cukrászok), szitált, porozáshoz

Egy tálban összekeverjük a lisztet és a sót, majd a vajat vagy a margarint elmorzsoljuk, amíg a keverék zsemlemorzsára nem hasonlít. Keverjük bele a cukrot. Hozzákeverjük a tojást, és lágy tésztává gyúrjuk. Lisztezett felületen vékonyra kinyújtjuk, majd szeletekre vágjuk.

Kivajazott tepsire tesszük, és előmelegített sütőben 200°C-on 10 perc alatt aranybarnára sütjük.

Teljes kiőrlésű mazsolás keksz

36-os lesz

100g/4oz/½ csésze vaj vagy margarin, lágyítva

50 g/2 uncia/¼ csésze demerara cukor

2 tojás, szétválasztva

100 g/4 uncia/2/3 csésze mazsola

225 g/8 uncia/2 csésze teljes kiőrlésű búzaliszt

100 g/4 uncia/1 csésze sima (univerzális) liszt

5 ml/1 tk őrölt (almás pite) fűszer

150 ml/¼ pt/2/3 csésze tej, plusz extra fogmosás

A vajat vagy a margarint és a cukrot habosra verjük. Verjük fel a tojássárgáját, és keverjük hozzá a ribizlit. A lisztet és a kevert fűszert összekeverjük, majd a tejjel a keverékhez keverjük. A tojásfehérjét verjük puhára, majd forgassuk a masszához, hogy lágy tésztát kapjunk. A tésztát enyhén lisztezett felületen kinyújtjuk, majd 5 cm/2-es pogácsaszaggatóval kiszaggatjuk. Kivajazott tepsire tesszük és megkenjük tejjel. 180°C-ra előmelegített sütőben 20 perc alatt aranybarnára sütjük.

Date Sandwich Cookie-k

30-at tesz ki

225 g/8 oz/1 csésze vaj vagy margarin, lágyítva

450 g/1 font/2 csésze puha barna cukor

225 g/8 uncia/2 csésze zabpehely

225 g/8 uncia/2 csésze sima (univerzális) liszt

2,5 ml/½ teáskanál szódabikarbóna (szódabikarbóna)

Egy csipet só

120 ml/4 fl oz/½ csésze tej

225 g/8 uncia/2 csésze kimagozott (kimagozott) datolya, nagyon apróra vágva

250 ml / 8 fl oz / 1 csésze víz

A vajat vagy a margarint és a cukor felét habosra verjük. A száraz hozzávalókat összekeverjük, és a tejjel felváltva a felvert tejszínhez adjuk, amíg kemény tésztát nem kapunk. Enyhén lisztezett felületen kinyújtjuk, és pogácsaszaggatóval kör alakúra vágjuk. Kivajazott tepsire tesszük, és 180°C-ra előmelegített sütőben 10 perc alatt aranybarnára sütjük.

Tedd az összes többi hozzávalót egy edénybe, és forrald fel. Csökkentse a hőt, és időnként megkeverve főzd 20 percig, amíg besűrűsödik. Hagyd hülni. A sütiket megkenjük a töltelékkel.

Emésztést elősegítő kekszet (Graham Crackers)

24-es lesz

175 g/6 uncia/1½ csésze teljes kiőrlésű búzaliszt

50 g/2 uncia/½ csésze sima (univerzális) liszt

50 g/2 uncia/½ csésze közepes zabpehely

2,5 ml/½ teáskanál só

5 ml/1 teáskanál sütőpor

100g/4oz/½ csésze vaj vagy margarin

30 ml/2 evőkanál puha barna cukor

60 ml/4 evőkanál tej

A lisztet, a zabpelyhet, a sót és a sütőport összekeverjük, vajjal vagy margarinnal elmorzsoljuk, majd a cukrot elkeverjük. Fokozatosan adjuk hozzá a tejet, és keverjük lágy tésztává. Jól összegyúrjuk, amíg már nem ragad. 5 mm/¼ vastagságúra kinyújtjuk, és pogácsaszaggatóval 5 cm/2 köröket vágunk. Kivajazott tepsire tesszük, és 180°C-ra előmelegített sütőben, 4-es gázjelzéssel kb. 15 percig sütjük.

húsvéti sütik

20-at tesz ki

75 g/3 uncia/1/3 csésze vaj vagy margarin, lágyítva

100 g/4 oz/½ csésze kristálycukor

1 tojássárgája

150 g/6 oz/1½ csésze magától kelő (magától kelő) liszt

5 ml/1 tk őrölt (almás pite) fűszer

15 ml/1 evőkanál apróra vágott vegyes (kandírozott) héj

50 g/2 uncia/1/3 csésze mazsola

15 ml/1 evőkanál tej

Porcukor (szuper finom) szóráshoz

A vajat vagy a margarint és a cukrot habosra keverjük. A tojássárgáját felverjük és belekeverjük a lisztet és a fűszereket. Hozzákeverjük a héját, a ribizlit és annyi tejet, hogy kemény tésztát kapjunk. Kb. 5 mm/¼ vastagságúra kinyújtjuk, és pogácsaszaggatóval 5 cm/2 köröket vágunk. A sütiket kivajazott tepsire tesszük és villával megszurkáljuk. 180°C-ra előmelegített sütőben, 4-es gázjelzéssel kb. 20 perc alatt aranybarnára sütjük. A tetejére szórjuk a cukrot.

firenzeiek

40-et tesz ki

100g/4oz/½ csésze vaj vagy margarin

100 g/4 oz/½ csésze kristálycukor

15 ml/1 evőkanál dupla (nehéz) tejszín

100 g/4 oz/1 csésze apróra vágott dió

75 g/3 uncia/½ csésze szultána (arany mazsola)

50 g/2 oz/¼ csésze mázas (kandírozott) cseresznye

A vajat vagy a margarint, a cukrot és a tejszínt egy serpenyőben, lassú tűzön olvasszuk fel. Vegyük le a tűzről, és keverjük hozzá a diót, a szultánt és az üvegcseresznyét. Csepegtess teáskanálnyi darabokat külön-külön a rizspapírral bélelt tepsire. 180°C-ra előmelegített sütőben 4-es gázjelzéssel 10 percig sütjük. 5 percig hagyjuk hűlni a lapokon, majd tegyük rácsra, hogy teljesen kihűljenek, és vágjuk le a felesleges rizspapírt.

Firenzei csokoládé

40-et tesz ki

100g/4oz/½ csésze vaj vagy margarin

100 g/4 oz/½ csésze kristálycukor

15 ml/1 evőkanál dupla (nehéz) tejszín

100 g/4 oz/1 csésze apróra vágott dió

75 g/3 uncia/½ csésze szultána (arany mazsola)

50 g/2 oz/¼ csésze mázas (kandírozott) cseresznye

100 g/4 oz/1 csésze sima (félédes) csokoládé

A vajat vagy a margarint, a cukrot és a tejszínt egy serpenyőben, lassú tűzön olvasszuk fel. Vegyük le a tűzről, és keverjük hozzá a diót, a szultánt és az üvegcseresznyét. Csepegtess teáskanálnyi darabokat külön-külön a rizspapírral bélelt tepsire. 180°C-ra előmelegített sütőben 4-es gázjelzéssel 10 percig sütjük. 5 percig hagyjuk hűlni a lapokon, majd tegyük rácsra, hogy teljesen kihűljenek, és vágjuk le a felesleges rizspapírt.

Olvasszuk fel a csokoládét egy hőálló edényben, amelyet enyhén forrásban lévő víz fölé állítottak. Rákenjük a süti(k)re, és hagyjuk kihűlni és megdermedni.

Luxus firenzei csokoládé

40-et tesz ki

100g/4oz/½ csésze vaj vagy margarin

100 g/4 uncia/½ csésze puha barna cukor

15 ml/1 evőkanál dupla (nehéz) tejszín

50 g/2 uncia/¼ csésze mandula, apróra vágva

50 g darált mogyoró

75 g/3 uncia/½ csésze szultána (arany mazsola)

50 g/2 oz/¼ csésze mázas (kandírozott) cseresznye

100 g/4 oz/1 csésze sima (félédes) csokoládé

50 g/2 uncia/½ csésze fehér csokoládé

A vajat vagy a margarint, a cukrot és a tejszínt egy serpenyőben, lassú tűzön olvasszuk fel. Vegyük le a tűzről, és keverjük hozzá a diót, a szultánt és az üvegcseresznyét. Csepegtess teáskanálnyi darabokat külön-külön a rizspapírral bélelt tepsire. 180°C-ra előmelegített sütőben 4-es gázjelzéssel 10 percig sütjük. 5 percig hagyjuk hűlni a lapokon, majd tegyük rácsra, hogy teljesen kihűljenek, és vágjuk le a felesleges rizspapírt.

Olvasszuk fel a sima csokoládét egy hőálló tálban, enyhén forrásban lévő víz fölé állítva. Rákenjük a süti(k)re, és hagyjuk kihűlni és megdermedni. Ugyanígy olvasszuk fel a fehér csokoládét egy tiszta tálban, majd csorgassuk véletlenszerűen a fehér csokoládécsíkokat a sütire.

Fudge Nut Cookie-k

30-at tesz ki

75 g/3 uncia/1/3 csésze vaj vagy margarin, lágyítva

200g/7oz/ kevés 1 csésze kristálycukor

1 tojás, enyhén felverve

100 g/4 oz/½ csésze túró

5 ml/1 teáskanál vanília esszencia (kivonat)

150 g/5 uncia/1¼ csésze sima (univerzális) liszt

25 g/1 oz/¼ csésze kakaópor (cukrozatlan csokoládé).

2,5 ml/½ teáskanál sütőpor

1,5 ml/¼ teáskanál szódabikarbóna (szódabikarbóna)

Egy csipet só

25 g/1 uncia/¼ csésze apróra vágott dió

25 g/1 uncia/2 evőkanál kristálycukor

A vajat vagy a margarint és a porcukrot habosra verjük. Fokozatosan keverjük hozzá a tojást és a túrót. Hozzákeverjük a többi hozzávalót a kristálycukor kivételével és lágy tésztává keverjük. Fóliába csomagolva (műanyag fóliába) 1 órára hűtőbe tesszük.

A tésztából diónyi golyókat formázunk, és kristálycukorba forgatjuk. Helyezze a keksz(eke)t kivajazott tepsire, és előmelegített sütőben 180°C/350°F/gáz jelzés 4 10 percig süsse.

német popsikát

12-t tesz ki

50 g/2 uncia/¼ csésze vaj vagy margarin

100 g/4 uncia/1 csésze sima (univerzális) liszt

25 g/1 uncia/2 evőkanál kristálycukor

60 ml/4 evőkanál szederlekvár (konzerváló)

100 g/4 oz/2/3 csésze (cukrász) porcukor, átszitálva

15 ml/1 evőkanál citromlé

Dörzsölje bele a vajat a lisztbe, amíg a keverék zsemlemorzsa nem lesz. Keverjük hozzá a cukrot és nyomkodjuk pépesre. 5 mm/¼ vastag lappá nyújtjuk, és pogácsaszaggatóval kör alakúra vágjuk. Kiolajozott tepsire helyezzük, és előmelegített sütőben 180°C-on 10 percig sütjük, amíg kihűl. Hagyd hülni.

Szendvicspár keksz lekvárral. Tedd egy tálba a porcukrot, és készíts mélyedést a közepébe. Fokozatosan hozzákeverjük a citromlevet, hogy glace mázt kapjunk. Ráöntjük a sütire és hagyjuk dermedni.

Gyömbéres sütemény

24-es lesz

300g/10oz/1¼ csésze vaj vagy margarin, lágyítva

225 g/8 uncia/1 csésze puha barna cukor

75 g/3 uncia/¼ csésze fekete szirup (melasz)

1 tojás

250 g/9 uncia/2¼ csésze sima (univerzális) liszt

10 ml/2 teáskanál szódabikarbóna (szódabikarbóna)

2,5 ml/½ teáskanál só

5 ml/1 teáskanál őrölt gyömbér

5 ml/1 teáskanál őrölt szegfűszeg

5 ml/1 teáskanál őrölt fahéj

50 g/2 uncia/¼ csésze kristálycukor

A vajat vagy a margarint, a barna cukrot, a szirupot és a tojást habosra keverjük. Keverjük össze a lisztet, a szódát, a sót és a fűszereket. Hozzákeverjük a vajas keveréket és kemény tésztává keverjük. Lefedve 1 órára hűtőbe tesszük.

A tésztából kis golyókat formázunk és kristálycukorba forgatjuk. Kivajazott tepsire helyezzük egymástól jól egymástól, és meglocsoljuk kevés vízzel. 190°C-ra előmelegített sütőben 12 perc alatt aranybarnára és ropogósra sütjük.

Gyömbéres süti

24-es lesz

100g/4oz/½ csésze vaj vagy margarin

225 g/8 oz/2 csésze magától kelő (magán kelő) liszt

5 ml/1 teáskanál szódabikarbóna (szódabikarbóna)

5 ml/1 teáskanál őrölt gyömbér

100 g/4 oz/½ csésze kristálycukor

45 ml/3 evőkanál aranyszínű (világos kukorica) szirup, felmelegítve

Dörzsölje el a vajat vagy a margarint a liszttel, a szódabikarbónával és a gyömbérrel. Hozzákeverjük a cukrot, hozzákeverjük a szirupot, és kemény tésztává keverjük. Forgassuk diónyi golyókat, tegyük jól egymástól egy kivajazott tepsire, és enyhén nyomkodjuk laposra villával. A kekszeket (kekszet) előmelegített sütőben 190°C-on, 5-ös gázjelzéssel 10 percig sütjük.

Mézeskalács férfiak

Körülbelül 16-ot tesz ki

350 g/12 oz/3 csésze magától kelő (magán kelő) liszt

Egy csipet só

10 ml/2 teáskanál őrölt gyömbér

100 g/4 uncia/1/3 csésze aranyszínű (világos kukorica) szirup

75 g/3 uncia/1/3 csésze vaj vagy margarin

25 g/1 uncia/2 evőkanál kristálycukor

1 tojás, enyhén felverve

néhány ribizli (elhagyható)

Keverjük össze a lisztet, a sót és a gyömbért. Egy serpenyőben olvasszuk fel a szirupot, a vajat vagy a margarint és a cukrot. Hagyjuk kicsit hűlni, keverjük hozzá a száraz hozzávalókat a tojással és keverjük kemény tésztává. Enyhén lisztezett felületen 5 mm/¼ vastagságúra kinyújtjuk és formázó szaggatóval kiszaggatjuk. Az elkészítendő mennyiség a vágószerszámok méretétől függ. Enyhén kivajazott tepsire tesszük, és finoman nyomkodjuk bele a ribizlit a kekszbe (kekszbe), hogy szemek és gombok legyenek, ha szükséges. 180°C-ra előmelegített sütőben 15 perc alatt aranybarnára és szilárdra sütjük.

Teljes kiőrlésű mézeskalács süti

24-es lesz

200 g/7 uncia/1¾ csésze teljes kiőrlésű búzaliszt

10 ml/2 tk sütőpor

10 ml/2 teáskanál őrölt gyömbér

100g/4oz/½ csésze vaj vagy margarin

50 g/2 uncia/¼ csésze puha barna cukor

60 ml/4 evőkanál tiszta méz

Keverjük össze a lisztet, a sütőport és a gyömbért. A vajat vagy a margarint a cukorral és a mézzel felolvasztjuk, majd a száraz hozzávalókhoz keverjük és kemény tésztává keverjük. Lisztezett felületen kinyújtjuk, és pogácsaszaggatóval kör alakúra vágjuk. Kivajazott tepsire tesszük, és előmelegített sütőben 190°C/5-ös gázjelzéssel 12 percig sütjük, amíg a felülete aranybarna és ropogós nem lesz.

Gyömbér és rizs keksz

12-t tesz ki

225 g/8 uncia/2 csésze sima (univerzális) liszt

2,5 ml/½ teáskanál őrölt buzogány

10 ml/2 teáskanál őrölt gyömbér

75 g/3 uncia/1/3 csésze vaj vagy margarin

175 g/6 uncia/¾ csésze kristálycukor

1 tojás, felvert

5 ml/1 teáskanál citromlé

30 ml/2 evőkanál őrölt rizs

A lisztet és a fűszereket összekeverjük, a vajat vagy a margarint zsemlemorzsára forgatjuk, majd a cukrot elkeverjük. A tojást és a citromlevet kemény tésztává keverjük, és óvatosan simára gyúrjuk. Törölje le a munkafelületet őrölt rizzsel, és nyújtsa ki a tésztát 1 cm/½ vastagságúra. Pogácsaszaggatóval 5 cm/2 darabra vágjuk. Kivajazott tepsire helyezzük, és előmelegített sütőben 180°C/350°F/gázjelzés 4-es hőmérsékleten 20 perc alatt megsütjük.

Arany süti

36-os lesz

75 g/3 uncia/1/3 csésze vaj vagy margarin, lágyítva

200g/7oz/ kevés 1 csésze kristálycukor

2 tojás, enyhén felverve

225 g/8 uncia/2 csésze sima (univerzális) liszt

10 ml/2 tk sütőpor

5 ml/1 teáskanál reszelt szerecsendió

Egy csipet só

Tojás vagy tej a fagyáshoz

Porcukor (szuper finom) szóráshoz

A vajat vagy a margarint és a cukrot habosra keverjük. Fokozatosan hozzákeverjük a tojásokat, majd belekeverjük a lisztet, a sütőport, a szerecsendiót és a sót, és lágy tésztává keverjük. Letakarjuk és 30 percig pihentetjük.

A tésztát enyhén lisztezett felületen nyújtsuk ki kb. 5 mm/¼ vastagságúra, és pogácsaszaggatóval vágjuk kör alakúra. Kivajazott tepsire tesszük, megkenjük tojással vagy tejjel és megszórjuk cukorral. 200°C-ra előmelegített sütőben 8-10 perc alatt aranybarnára sütjük.

Mogyorós süti

24-es lesz

100g/4oz/½ csésze vaj vagy margarin, lágyítva

50 g/2 uncia/¼ csésze kristálycukor

100 g/4 uncia/1 csésze sima (univerzális) liszt

25 g/1 uncia/¼ csésze darált mogyoró

A vajat vagy a margarint és a cukrot habosra verjük. Fokozatosan keverjük hozzá a lisztet és a diót, amíg a tészta kemény nem lesz. Forgassuk kis golyókat, és tegyük jól egymástól egy kivajazott tepsire. 180°C-ra előmelegített sütőben 4-es gázjelzéssel kekszet (kekszet) sütünk 20 percig.

Ropogós mogyorós süti

40-et tesz ki

100g/4oz/½ csésze vaj vagy margarin, lágyítva

100 g/4 oz/½ csésze kristálycukor

1 tojás, felvert

5 ml/1 teáskanál vanília esszencia (kivonat)

175 g/6 uncia/1½ csésze sima (univerzális) liszt

50 g/2 oz/½ csésze darált mogyoró

50 g darált mogyoró

A vajat vagy a margarint és a cukrot habosra verjük. Fokozatosan belekeverjük a tojást és a vanília esszenciát, majd belekeverjük a lisztet, a darált mogyorót és a mogyorót, és tésztává gyúrjuk. Golyóba forgatjuk, műanyag fóliába csomagoljuk és 1 órára hűtőbe tesszük.

A tésztát 5 mm/¼ vastagságúra nyújtjuk, és pogácsaszaggatóval kör alakúra vágjuk. Kivajazott tepsire tesszük, és 200°C-ra előmelegített sütőben 10 perc alatt aranybarnára sütjük.

Mogyorós és mandulás süti

24-es lesz

100g/4oz/½ csésze vaj vagy margarin, lágyítva

75 g/3 oz/½ csésze porcukor (cukrászipari) szitálva

50 g/2 oz/1/3 csésze darált mogyoró

50 g/2 uncia/1/3 csésze őrölt mandula

100 g/4 uncia/1 csésze sima (univerzális) liszt

5 ml/1 teáskanál mandula esszencia (kivonat)

Egy csipet só

A vajat vagy a margarint és a cukrot habosra verjük. A többi hozzávalót kemény tésztává keverjük. Golyóba forgatjuk, fóliával (műanyag fóliával) letakarjuk és 30 percre hűtőbe tesszük.

A tésztát kb. 1 cm/½ vastagságúra nyújtjuk, és pogácsaszaggatóval kör alakúra vágjuk. Kivajazott tepsire tesszük, és 180°C-ra előmelegített sütőben 15 perc alatt aranybarnára sütjük.

Mézes süti

24-es lesz

75 g/3 uncia/1/3 csésze vaj vagy margarin

100 g/4 oz/1/3 csésze készlet méz

225 g/8 uncia/2 csésze teljes kiőrlésű búzaliszt

5 ml/1 teáskanál sütőpor

Egy csipet só

50 g/2 uncia/¼ csésze muscovado cukor

5 ml/1 teáskanál őrölt fahéj

1 tojás, enyhén felverve

Felolvasztjuk a vajat vagy a margarint és a mézet, amíg össze nem keveredik. Keverjük össze a többi hozzávalóval. Helyezzen egy kanálnyi keveréket jól egymástól egy kivajazott tepsire, és süsse előmelegített sütőben 180°C/350°F/gázjel 4 15 perc alatt aranybarnára. Hagyja 5 percig hűlni, mielőtt rácsra helyezi, hogy befejezze a hűtést.

Ratafias méz

24-es lesz

2 tojásfehérje

100 g/4 oz/1 csésze őrölt mandula

Néhány csepp mandula esszencia (kivonat)

100 g/4 uncia/1/3 csésze tiszta méz

Rizspapír

A tojásfehérjét kemény habbá verjük. Óvatosan keverjük hozzá a mandulát, a mandula eszenciát és a mézet. Tegye a keverékből kanalakat egymástól jól rizspapírral bélelt tálcákra, és előmelegített sütőben 180°C/350°F/gázjel 4 15 perc alatt süsse aranybarnára. Hagyjuk kicsit hűlni, majd tépjük le a papírt.

Mézes és írós süti

12-t tesz ki

50 g/2 uncia/¼ csésze vaj vagy margarin

225 g/8 oz/2 csésze magától kelő (magán kelő) liszt

175 ml / 6 fl oz / ¾ csésze író

45 ml/3 evőkanál tiszta méz

Dörzsölje bele a vajat vagy a margarint a lisztbe, amíg a keverék zsemlemorzsa nem lesz. Keverjük össze az írót és a mézet, és keverjük kemény tésztává. Enyhén lisztezett felületre tesszük és simára gyúrjuk, majd 2 cm/¾ vastagságúra kinyújtjuk, és pogácsaszaggatóval 5 cm/2 körre vágjuk. Kiolajozott tepsire tesszük, és előmelegített sütőben 230°C-on 10 perc alatt aranybarnára sütjük.

Citromos vajas süti

20-at tesz ki

100 g/4 oz/1 csésze őrölt rizs

100 g/4 uncia/1 csésze sima (univerzális) liszt

75 g/3 oz/1/3 csésze kristálycukor

Egy csipet só

2,5 ml/½ teáskanál sütőpor

100g/4oz/½ csésze vaj vagy margarin

1 citrom reszelt héja

1 tojás, felvert

Keverjük össze a darált rizst, a lisztet, a cukrot, a sót és a sütőport.
A vajat addig gyúrjuk, amíg a keverék zsemlemorzsához nem
hasonlít. Belekeverjük a citrom héját és annyi tojást, hogy kemény
tésztát kapjunk. Óvatosan összegyúrjuk, majd lisztezett felületen
kinyújtjuk, és pogácsaszaggatóval formákra vágjuk. Kivajazott
tepsire tesszük, és 180°C-ra előmelegített sütőben 30 percig
sütjük. Hagyjuk kicsit hűlni a lapon, majd tegyük át egy rácsra,
hogy teljesen kihűljön.

Citromos süti

24-es lesz

100g/4oz/½ csésze vaj vagy margarin

100 g/4 oz/½ csésze kristálycukor

1 tojás, enyhén felverve

225 g/8 uncia/2 csésze sima (univerzális) liszt

5 ml/1 teáskanál sütőpor

½ citrom reszelt héja

5 ml/1 teáskanál citromlé

30 ml/2 evőkanál demerara cukor

A vajat vagy a margarint és a porcukrot lassú tűzön, folyamatos keverés mellett olvasszuk fel, amíg a keverék sűrűsödni nem kezd. A tűzről levéve belekeverjük a tojást, a lisztet, a sütőport, a citrom héját és levét, majd tésztává keverjük. Fedjük le és tegyük hűtőbe 30 percre.

A masszából kis golyókat formázunk, majd kivajazott tepsire tesszük, villával laposra nyomkodjuk. Megszórjuk demerara cukorral. 180°C/350°F/4-es gázjelzésű előmelegített sütőben 15 percig sütjük.

Édes pillanatok

16-os lesz

100g/4oz/½ csésze vaj vagy margarin, lágyítva

75 g/3 oz/1/3 csésze kristálycukor

1 tojás, felvert

150 g/5 uncia/1¼ csésze sima (univerzális) liszt

10 ml/2 tk sütőpor

Egy csipet só

8 mázas (kandírozott) cseresznye, félbevágva

A vajat vagy a margarint és a cukrot habosra verjük. Fokozatosan beleütjük a tojást, majd belekeverjük a lisztet, a sütőport és a sót. Óvatosan sima tésztává gyúrjuk. Formázzunk a tésztából 16 egyforma golyót, és tegyük jól egymástól egy kivajazott tepsire. Kissé lapítsuk el, és mindegyik tetejére tegyünk egy-egy cseresznye felét. 180°C/350°F/4-es gázjelzésű előmelegített sütőben 15 percig sütjük. 5 percig hagyjuk hűlni a lapon, majd tegyük rácsra, hogy teljesen kihűljön.

Müzlis süti

24-es lesz

100g/4oz/½ csésze vaj vagy margarin

100 g/4 uncia/1/3 csésze tiszta méz

75 g/3 uncia/1/3 csésze puha barna cukor

100 g/4 oz/1 csésze teljes kiőrlésű búzaliszt

100 g/4 uncia/1 csésze zab

50 g/2 uncia/1/3 csésze mazsola

50 g/2 uncia/1/3 csésze szultána (arany mazsola)

50 g/2 oz/1/3 csésze kimagozott (kimagozott) datolya, apróra vágva

50 g/2 uncia/1/3 csésze fogyasztásra kész szárított sárgabarack, apróra vágva

25 g/1 uncia/¼ csésze dió, apróra vágva

25 g/1 uncia/¼ csésze mogyoró, apróra vágva

A vajat vagy a margarint a mézzel és a cukorral felolvasztjuk. Hozzákeverjük a többi hozzávalót, és kemény tésztává gyúrjuk. Kivajazott tepsire teáskanálokat teszünk, és egyenletesen lenyomkodjuk. A kekszeket (kekszeket) előmelegített sütőben 180°C-on 20 perc alatt aranybarnára sütjük.

www.ingramcontent.com/pod-product-compliance
Lightning Source LLC
Chambersburg PA
CBHW051059050726
47592CB00002B/588